日本語ミニ講座

── 日本語にまつわる興味深い話 ──

関　邦義

揺籃社

目 次

はじめに

本書は、おおむね日本語を題材としたエッセイ集です。

教職を定年退職した後、外国の方に日本語を教えるボランティア団体「八王子にほんごの会」に入会しました。やがて、所属する寺子屋（教室）の寺子屋長を任されることになりましたが、そこでは、毎月会員向けに、連絡事項などを記した「寺子屋だより」を出していました。その余白を埋めるために、毎回掲載していたのが、この「日本語ミニ講座」です。

それが、思いがけず好評で、「面白かった」「参考になった」、あるいは「次回が楽しみ」という感想をいただきました。さらに、ある程度回を重ねたところで、何人かの方から本にまとめてみてはどうかというお話がありました。

おそらく、たぶんに外交辞令的な意味合いもあったのかもしれませんが、日本語を教えるより多くの会員の方や、日本語を学習する外国の方の参考になればという思いが、私自身も日増しに強くなり本書を出版するにいたりました。出版するにあたって、内容をある程度ジャンル別にまとめ、読みやすいように工夫したつもりです。各本文の後に〔第〇回〕とあるのは、「寺子屋だより」発行時の回数を示したものです。

日頃、テレビなどを視聴していて、出演者たちが「今、何をやられていますか？」とか、「やばい！」などと受け応えしているのを見聞きして苦々しく思っておりました。「やる」などという言葉は、いくら尊敬の助動詞を付けたところで敬語になるとは思えま

せんし、「やばい」は、もともとは犯罪者が仲間うちで用いる裏社会での隠語でした。特に、コロナ禍のため1年遅れの2021年に開催された「東京オリンピック」でのスケートボードの解説者の「半端ねぇー」とか「鬼早い」などの言葉遣いには違和感を覚えましたので、そういった内容も取り上げています。

　言葉は、時代とともに常に移り変わってゆく言わば「生きもの」であり「生もの」です。それをより強く感じたのは、上述のオリンピックの開催と、コロナ禍における世上の有り様でした。芭蕉は「不易流行」ということを言いましたが、言葉も同様に、はやりすたりの中に変わらぬ面があるに違いありません。ある意味で、その根底にあるものを「言霊」と呼んでも良いかと思いますが、その「言霊」を大切にしていきたいと思っています。

　執筆にあたっては、できるだけ日常的に用いられている用語や表現を取り上げ、その特徴・疑問点・面白さなどを提起したつもりです。本書は、一応日本語を教える指導者や日本語を学ぶ外国の方を対象にしてはいますが、一般の方はもちろん中高生にも有意義な内容になっているはずです。

　最後の章の5編のうち4編は、高尾在住の関谷孝さんが編集・発行している「紅葉台新聞」に寄稿したものです。他の章と文体が異なりますが、これはこれで興味深い話題を扱っていますので、充分楽しんでいただけるものと思います。

　なお、日本語を学ぶ外国人の読者のために、本文は横書きにし、漢字（引用文も含みます）には可能なかぎり、振り仮名（ルビ）を振ってあります。ご了承ください。

一、辞書を楽しむ

1. お気に入りの「国語辞典」（『新選国語辞典』小学館）

辞書には電子版と紙の辞書があり、それぞれ長所・短所があります。電子版は、何よりも持ち運びが便利で嵩張らないし、説明文中の知らない語は、ジャンプ機能でたちどころに調べることができます。ただ、1回につき一語（一項目）しか表示されないのが弱点です。

他方、紙の場合は嵩張るし、調べるのにやや手間がかかります。しかし、一旦ページを開くと、見開き数十語の言葉が眼に入ってきます。そこで、本来調べるつもりのなかった言葉と出会ったりするのが新鮮で愉快です。

数ある小型辞書の中でも、私がいつも座右に置いているお気に入りの辞書は、小学館の『新選国語辞典』（第9版）です。この辞書は中学に入学した時に学校指定で持たされた辞書でした。その時は、おそらく改訂版（第2版）だったでしょうか。1959年の発兌。以来、版を重ねて現在9版ということになりますので、小型国語辞典では最も古くからある辞典の一つと言って良いでしょう。

小型辞典の中でもさらに一回り小さくてハンディではあるのですが、その分字が小さいのが難点です。にもかかわらず、気に入っている点を、以下いくつか挙げてみたいと思います。

①収録語数が90,320語でこの規模の辞書としては最大であること。

②図やイラストが豊富であること。

③「芥川龍之介」等、歴史上の人名も調べることができ、いわば小百科事典的な役割を備えていること。

④語の用法や文法についての説明が充実していること。

⑤中高生の学習に必要な古語も、ほぼもれなく取り入れてあること。

⑥基本語のアクセントが明示されていること。等。

具体的に、まず②について。「挿絵もせりふもない本なんて、どこがいいんだろう〈"and what is the use of a book," thought Alice, "without pictures or conversations?"〉とアリスは思った」(『不思議の国のアリス』新潮文庫・矢川澄子訳)とありますが、やはり、辞書にもイラストや挿絵はあった方がわかりやすくて楽しいのではないでしょうか。

例えば、「銀杏返し」「御高祖頭巾」「角隠し」(それぞれ8ページ参照)などは、昭和以前の文学作品などを読む上で必要な語だと思いますが、今の若い人には言葉で説明してあっても、イラストや挿絵がなければなかなか理解が及ばないでしょう。『岩波国語辞典』(岩波書店)、『新明解国語辞典』(三省堂)はイラスト・挿絵はありません。言葉での説明のみです。言葉での説明のみでは、この種の言葉は、知らない人には何十行、いや何百行費やしてもイメージが思い浮かばないのではないでしょうか。

『三省堂国語辞典』はイラスト・挿絵のある辞書ですが、「銀杏返し」の挿絵はありません。というか「銀杏返し」そのものの語が載っていません。とりあえず、この三つの語の語釈があ

り、図もあるのはこの『新選国語辞典』(第9版)だけです。

④について。ちなみに「彼」ということばを調べてみましょう。

○**かれ【彼】**代 ①話し手・相手以外の男性をさす語。⇔彼女。
参考 以前は、女性をもさした。また、「彼」「彼女」は、ふつう目上
の者については使わない。

とあります。このことからわかるのは、以前は「彼女」というこ
とばはなかったということです。夏目漱石の『吾輩は猫である』
という作品には「彼女」ということばが1回だけ用いられていま
す。どうも社会で普通に使われるようになったのは大正時代に
入ってからだということが、『新選国語辞典』の第8版からわか
ります。例えば森鷗外の『舞姫』の例。

〈彼は、はからぬ深き嘆きに遭ひて、前後を顧みるいとまな
く、ここに立ちて泣くにや。〉の「彼」は主人公「太田豊太郎」の
恋人「エリス」を指しているのです。「以前は女性をもさした」と
言う説明は、一見さりげない解説ですが重要です。しかし、他の
小型辞書にはこの記述はみられません。

⑤について。前述の「彼」に関連して「たそがれ」と言う語で
確認してみます。どうやら「黄昏」は当て字で、もともとは「誰そ
彼れ」と言ったたようです。『新選国語辞典』の説明を引用して
みましょう。

○**た-そ-がれ**[▲黄×昏]名[「誰そ彼れ」の意]人の姿の見分け
のつかないころ。夕方のうすぐらい時。夕暮れ。— 時。名 たそ
がれ。⇔かわたれどき。

せっかくですので、「かわたれどき」を調べてみます。

○**かわたれ-どき**［▲彼は▲誰時］名 〔古語〕「彼はだれだろうと、はっきり見分けがつかないころ」の意。朝夕のうすぐらいとき。多く、夜明けにいう。⇔たそがれどき。

　このことから、昔は「たそかれどき」の反対語で「かはたれどき」ということばが用いられたということがわかります。なお、「誰ぞ？」は「だれぞ？」ではなく「たそ？」または「たぞ？」だったようです。

　同じく鷗外の『舞姫』からの引用です。〈…中には、しはがれたる老媼の声して、『誰ぞ。』と問ふ〉。やはり、他の辞書にはここまでの説明はありません。

　⑥のアクセントについて。二色刷りにして工夫されていますが、こればかりは電子辞書の音声機能には敵わないようです。紙面が尽きましたので今回はこれで終わります。〔第14回〕

※追記：なお、『新選国語辞典』(小学館)について、その後2022年の2月に第10版が出版され、また、一回り大きめのワイド版があることもわかりました。

　また、参考 の部分ですが、「以前は、女性をもさした。」の箇所が「江戸時代までは、男性から女性をさす用法もあった。」と書き換えられています。さらに「江戸時代」とありますが、「明治時代」頃までは用いられていたようです。

いちょう返し　　お高祖ずきん　　角隠し

参考図：『新選国語辞典』(小学館)による

- 8 -

2. 「収束」と「終息」について(コロナ禍で)

　このところ、新聞・雑誌等で、「新型コロナウイルスは、一体いつ収束するのか」というような文面を見ない日はありません。そこで、今回は「収束」と「終息」の使い分けについて、種々の辞書を調べることによって、考察してみたいと思います。

(1)『広辞苑』(岩波書店・第6版)

○**しゅう-そく**【収束】おさまりをつけること。おさまりがつくこと。「事態の ― をはかる」。

○**しゅう-そく**【終息・終熄】事がおわって、おさまること。終止。「内乱が ― する」。

(2)『明鏡国語辞典』(大修館書店・第2版)

○**しゅう-そく**【収束】おさまりがつくこと。また、おさまりをつけること。「事態を ― する」。

○**しゅう-そく**【終息(終熄)】やむこと。終わること。終止。「インフレ[戦闘・流感]が ― する」。[表記]もと、もっぱら「終熄」と書いた。

(3)『日本国語大辞典』(小学館・精選版)

○**しゅう-そく**【収束】おさまりのつくこと。決着がつくこと。＊道草(1915)夏目漱石「云ふ事は散漫であった。〈略〉収束する所なく〈略〉仕舞に飽きた」。

○**しゅう-そく**【終息・終熄】おわること。やむこと。終止。＊東京朝日新聞(1908)11月12日「一時殆ど終熄せし日貨排斥を再演し」

(4)『新明解国語辞典』(三省堂・第6版)

○**しゅうそく【収束】**それまでまとまらなかったものの間に次第に関連付けや歩み寄りが見られ、最後に一本化が実現する(ようにする)こと。「ストライキがようやく ─ に向かった」。

○**しゅうそく【終息】**〔やんでほしいと思っていた混乱状態などが〕すっかり終わること。「戦火が ─ した」。[表記]本来の用字は、「終(熄)」。

　以上に目を通すと『広辞苑』と『明鏡』では、「収束」の説明の順序が逆になっていることがわかります。すなわち、『広辞苑』では、人の力で(人為的に)「おさまりをつける」ことが、説明の1番にあり、(自然に)「おさまりがつく」のは2番目になっているのです。この違いは大きいのではないでしょうか。私個人としては、ここは『広辞苑』に軍配をあげたいところです。用例も「事態の ─ をはかる」となっていますので、例えば、「政府は新型コロナウイルスの ─ をはかった」という場合なら「終息」ではなく、「収束」が相応しいということになるのではないかと思います。

　一方、「終息」の方は、4つの辞書全部が「おわること」「やむこと」となっています。ここに「人為的」要素はありません。すべて「自然まかせ」と言っていいと思います。したがって、「5月中旬になってから新型コロナウイルスは急速に ─ に向かった」という用例なら「終息」が適当ではないかと思われます。

　このように、辞書にはそれぞれ特徴がありますが、『精選版日本国語大辞典』(小学館)は、具体的な作品からの用例があるのが特長で参考になります。ただし、大部(全3冊)で重く嵩張るのが難点です。『新明解国語辞典』(三省堂)は語句の説明・定義

が独特で読んで面白く楽しめます。「辞書は引くものではなく読むものだ」とは確か三島由紀夫の言葉だったと思いますが、それに相応しいのがまさにこの辞書です。〔第8回〕

※追記:「収束」と「終息」ですが、新聞とテレビ（テロップ）では同じ内容のニュースで表記が違ったりしていました。あまり難しく考えず、単に「収まる」が「収束」で、「終わる・やむ」が「終息」と理解すればそれでよいのかもしれません。

3. 『新明解国語辞典』(三省堂)について

　　前回、読んで面白い辞典ということで紹介しましたが、今回は、どう面白いのか具体的に説明したいと思います。

　　例えば「彼は日本語の勉強が好きだ。」という文章の単語を、助詞を除いて一つずつこの『新明解国語辞典』(第6版)で調べてみましょう（辞書からの引用は語釈の一部になります。また、この辞典の特徴であるアクセント表示は省略しました）。

○**彼**…⇔彼女　㊀(代)話し手・相手以外の存在を指す言葉。〔現在は、一般に男性を指す〕㊁〔女性が〕恋人・婚約者などを指す婉曲表現。〔広義では、交友関係のある男性を指す〕。

○**日本語**…日本人が互いにコミュニケーションの手段として使っている言語。「 ─ として熟さない」。

○**勉強**…「遊ぶのは得意だが ─ は大嫌いな子」「株に手を出して大損したが、いい（社会） ─ になった」「何もかも ─ だと思ってやるんだね」。

○**好き**…〔動詞「好く」の連用形の名詞的用法〕自分の感覚や

感情に合うものとして心が引きつけられ、積極的に受け入れよう（接し続けよう）とする気持ちにさせられる様子だ。「彼には ── な人〔＝恋人〕ができたようだ」⇔嫌い。

　この例文ですが、第5版では「 ── な人〔＝愛人〕」になっています。好きな人が、即「愛人」では不穏当と考えて第6版では「恋人」に変えたのでしょうか。

　他にも、「先生」とか「恋愛」等、ユニークで愉快な説明が多々あります。なお、解説書として『新解さんの謎』赤瀬川原平（文藝春秋社）や、『新解さんの読み方』夏石鈴子（角川文庫）がありますので、是非、一読してみてください。前者は、かつて話題になった本です。〔第9回〕

──【コラム①】「国語世論調査」の結果から──

　2021年9月24日、文化庁は2020年度の国語に関する世論調査の結果を公表しました。これは、その調査の結果に基づく話題です。（参考：「朝日新聞」・「東京新聞」）

〇コロナに関連した言葉

　文化庁は、新型コロナウィルスに関連して使われる言葉について尋ねたところ、「不要不急」「三密」「スティホーム」などは6割以上が「そのまま使うのがいい」とした一方、「ウィズコロナ」は3割にとどまったそうです。続いて「感染拡大で他にも『人流』といった耳慣れない言葉が広がっている。これほど多くの新しい言葉が日常生活で交わされるようになるのはまれなことだ」と説明しています。

コロナ関連の言葉で「そのまま使うのがいい」が多かったの
は、「不要不急」67.2％、「コロナ禍」66.8％、「三密」「ステイホ
ーム」61.1％。「ウィズコロナ」は29.7％で、「説明を付けた方が
いい」と「他の言い方がいい」を合わせると 69.5％だったそう
です。

　以下、「朝日新聞」(神宮桃子氏)によれば、〈年齢別では、「ソー
シャルディスタンス」と「スティホーム」は10代の約8割が「その
まま使うのがいい」と答えたのに対し、70歳以上は3〜4割程
度にとどまり、世代間で差が見られた。『言葉の魂の哲学』など
の著書がある哲学者の古田徹也・東京大准教授は「人々の間
で定着や理解の度合いにムラがあるのは重要な問題。新しい
言葉を使う際には吟味した上で、きちんと伝わるように努力し
ないといけない」と指摘する。日本語学者の金田一秀穂・杏林大
客員教授は「コロナの現実を前に、言葉は無力だと感じている
人も多いのではないか」とみる。「現状を『コロナ禍』と名づける
ことで次へ進むことができるのは言葉の重要な働きだが、限界
もある。それでも一人一人にできるのは言葉を一生懸命使い
自分の考えをきちんと表現することだろう」と話す〉。〔第25回〕

4.　「同訓異字語」について(二葉亭の『浮雲』から)
　二葉亭四迷の小説『浮雲』の冒頭部に「…しかし、つらつら見
て篤と点撿すると、これにもさまざま種類のあるもので、まず髭
から書き立てれば、口髭、頬髯、顋の鬚、やけに興起した拿破崙
髭に、狆の口めいた比斯馬克髭、そのほか矮鶏髭、貉髭、あり

- 13 -

やなしやの 幻（まぼろし）の髭と、濃くも淡くもいろいろに生え分（わ）かる」（『現代日本文学館2』文藝春秋社）という文があります。

　ここには、「髭」・「髯」・「鬚」と3種類の「ひげ」が出てくるわけですが、それぞれ「髭」は「くちひげ」のことであり、「髯」は「ほおひげ」、「鬚」は「あごひげ」をいいます。つまり、作者二葉亭四迷（ふたばていしめい）は、さすがに正しい漢字を用（もち）いているわけです。

　ということで、今回は「同訓異字」（どうくんいじ）について取り上げます。「異字同訓」（いじどうくん）とも言いますが、異なる漢字で同じ訓読（くんよ）みをするものを言います。微妙（びみょう）な意味の違いについて、英語のわかる学習者には、英語で説明する方が、わかりやすいという面（めん）もあるかと思います。

　そこで、『新漢英字典』（しんかんえいじてん）（研究社）という漢英字典を参考にすることにしました。この字書は「斬新な発想による漢英字典」（ざんしんなはっそう）と銘打（めいう）っているように、大変な時間と労力（ろうりょく）をかけた画期的（かっきてき）な字典で、いたるところに編者（へんしゃ）のこだわりと創意工夫（そういくふう）を読み取ることができます。サイデンステッカー氏が賛辞を寄せており、編集長（へんしゅうちょう）はJack Halpern（日本名：春遍雀來（はるべんじゃっく））です。発行（1990年）当時、昭和女子大学の近代文化研究所に所属（しょぞく）していたようです。

　ただし、「ひげ」は「鬚」（beard）だけしか載（の）っておらず、したがって上記三種の「ひげ」の区別は出てきません。なにより惜（お）しむらくは、この字書にはどこを探しても「絆」（きずな）という漢字の項目（こうもく）が見当（みあ）たらないことです。ともあれ、よく目にする同訓異字語について、この字典で具体的に調（しら）べてみましょう。

〈あ-う〉

○会…出あう。ひと所に集まる。「面会」「集会」。meet, see, encounter

○邂・遇・遭…思いがけなく出あう。めぐりあう。「邂逅」「遭遇」。encounter, happen to meet, come across

○合…ひとつにかさなる。ぴったりあう。「合致」。fit, agree with

〈き-く〉

○聴…注意してきく。「傾聴」「謹聴」。listen (to)

○聞…声や音が自然に耳にはいる。「伝聞」。hear

○訊…尋ねる。問う。「訊問」。ask, inquire

〈こた-える〉

○応…相手にひびき応ずる。「応報」。repay, reward

○対…目上の人にこたえる。問いに対して一つ一つこたえる。「応対」。deal (with), answer to

○答…問いにこたえる。「答申」。answer (a question), reply, respond

〈し-る〉

○識…しりわける。認める。「識別」。discern, recognize, discriminate

○知…はっきりとしる。理解する。よく納得する。「知識」。know, be aware of, understand

〈つく-る〉

○作…考え出す。人の力でつくる。「作為」「造作」。make, form

○創…はじめてつくり出す。「創作」。create, bring into being

○造…物をつくる。しあげる。「造化」「造物主」。make, manufacture, build, construct

〈な-く〉

○泣…涙を流し、声をたてずになく。「感泣」。cry, weep, sob

○哭…大声をあげてなき悲しむ。「慟哭」。wail, lament

○号…なき叫ぶ。「号泣」。wail, lament, weep (cry) bitterly (for, over)

○涕…涙を流してなく。「涕泣」。英語は、「泣」にほぼ同じか。

○鳴…鳥獣が声を出す。「鶏鳴」。(of animals, birds or insects)cry, chirp, ululate, howl, yelp, meow

〈はか-る〉

○計…数をかぞえる。「計算」。compute, calculate, estimate

○図…順をおって考える。(＝画)。「企図」。strive for, work for, promote, look to, provide for, seek

○議…寄り合って事の是非を相談する。「議論」。discuss, argue, debate

○諮…人に意見を問いたずねる。「諮問」。consult, confer, ask (a person's) opinion

○測…水の深浅をはかる。転じて、未知のものをおしはかる。「推測」。(measure the physical dimention of)

measure, gauge (length, depth, distance or areas)

○忖…先方の心を推量（すいりょう）する。「忖度（そんたく）」。surmise, consider

○謀…あれこれと思案（しあん）する。人に相談する。「謀議（ぼうぎ）」。scheme, plot, conspire, contrive

○量 … 物 の 重 さ な ど を は か る。「分量（ぶんりょう）」。お し は か る。(determine the weight or volume of) measure, weigh

〈**み-る**〉

○看…面倒をみる。世話をする。「看護（かんご）」。take care of, look after

○観…注意してこまかにみる。「観察（かんさつ）」。view, behold, look, observe, inspect

＊注意深（ちゅういぶか）さの度合（どあ）いは、「観＞視＞見」の順か。

○見 … 目にはいる。目にふれる。「見聞（けんぶん）」。see, look at, observe

○察…よく調べてみる。「考察（こうさつ）」。inspect, examine

○視…気をつけてみる。「注視（ちゅうし）」。regard, look at, gaze, watch over

○診 … 病状（びょうじょう）をしらべる。「診療（しんりょう）」。examine a patient, diagnose

○瞥…ちらりとみる。「一瞥（いちべつ）」。glance (at), have a glimpse

〈**よろこ-ぶ**〉

○悦…心からうれしく思う。「喜悦（きえつ）」。delighted, pleased, happy

○歓…よろこび勇む。「歓喜」。be joyous, be happy, be merry, rejoice

○喜…うれしがる。⇔怒・悲・憂。「喜色」。be happy(glad), rejoice

○欣…よろこび笑う。「欣快」。joyful, glad, happy

○慶…めでたいことを祝いよろこぶ。「慶賀」。felicitate, congratulate, celebrate

　今回は動詞を取り上げてみましたが、他に名詞・形容詞や副詞等もあるかと思います。例えば、名詞・形容詞ですと、「青」・「蒼」・「碧」の違いや「紅」・「朱」・「赤」・「丹」などの違いです。

※追記：なお、『新漢英字典』の類書に、『常用漢英熟語辞典』（講談社・1991年）があります。〔第6回・7回、改〕

【日本語学習者と指導者のための問題Ａ】

　□次の{　}の中から正しい漢字を選びなさい。
1. 姿を { 表 ・ 現 ・ 著 } す。
2. 賞金を { 掛 ・ 架 ・ 懸 } ける。
3. 栄華を { 極 ・ 究 ・ 窮 } める。
4. 連絡を { 断 ・ 絶 ・ 裁 } つ。
5. 舞台で主役を { 努 ・ 務 ・ 勤 } める。

5.　「ごんぎつね」の「ごん」について

　今回は「ごんぎつね」という新美南吉の名作の題名について考えます。推理するに「ごん」は「権」のことではないかと思うの

です。参考までに『精選版　日本国語大辞典』(小学館)で「権」を調べてみると「①(実に対して)仮のもの。臨時のもの。②仮に任じた官位。権官。多く官位を示す語の上に付けて用いる。『権大納言』など。③最上位の次の地位。④権妻の略。」と、4つの意味が出ています。

　普通は②か③の意味で用いられることが多いようです。右大臣に任ぜられていた菅原道真が、藤原時平の讒言により大宰権帥に左遷されたのは有名な話です。また、神社などで、権禰宜という方がおられますが、これも禰宜(神主・宮司)に次ぐ地位ということなのでしょう。とすれば、「ごんぎつね」は大人の「きつね」になる前の「きつね」に次ぐ存在、すなわち「こぎつね」のことだと考えられるのではないでしょうか。〔第37回①〕

6.　「ごんぎつね」の「ごん」について(続)

　前回、『ごんぎつね』という新美南吉の名作について、推理するに「ごん」は「権」のことではないかと思うのです、という自説を披瀝したわけですが、それに対して、ある会員の方から次のようなメールを頂戴しました。

　〈『ごん狐』の話は面白いですね。これから見ると「権兵衛が種まく、田吾作からすを…」の歌詞は、さしずめ田吾作が父親で権兵衛が子供ということみたいですね。〉

　それに対する私の返信は以下の通りです。

　〈「権兵衛が種まく、田吾作からすを」の歌詞は初めて聞きました。「権兵衛が種まきゃカラスがほじくる」なら知っています。

「権兵衛」は、田舎の人や農民を見下していう時に用いられることが多いようですし、「田吾作（田五作）」も同じような意味です。〉

　「権兵衛」に関して言えば、もともと「兵衛」は、「令制」において、左右兵衛府の4等官外の武官で、「内裏」の外側諸門の警護や、行幸の供奉などにあたりました。その長官が「兵衛監」になります。ですから、「権兵衛」は、元来臨時の「兵衛」を意味するのではないかと思います。

　ちなみに、「山本権兵衛」という日露戦争時の海相で後に首相も務めた人物がいますが、「やまもとごんのひょうえ」とも「やまもとごんべえ」とも言ったようです。私自身は、学生時代「やまもとごんのひょうえ」と教わった記憶があります。そういえば、おにぎり屋さんに「権米衛」というのがありますね。なお、「権」には、「子供」の意味はないようです。〔第38回①〕

7.　「亜」と「犬」について

　前回、前々回と「権」について取り上げました。「ごんぎつね」の「ごん」は、「仮に任じた官位。権官。多く官位を示す語の上に付けて用いる。『権大納言』など」。あるいは、「最上位の次の地位」（『精選版：日本国語大辞典』小学館）に由来するのではないかという管見を述べたわけですが、「権」と似たような意味を持つ語に「亜」があります。辞書を引いてみますと、以下のような説明があります。

（1）『新明解国語辞典』（三省堂・第8版）

○**あ**【亜】㊀㊀・・・に次ぐ。「亜流・亜熱帯」。㊁〔無機酸で〕酸素が一原子だけ少ないこと。「亜硫酸」。㊂（略）アジア（亜細亜）。

(2)『新選国語辞典』(小学館・第10版)

○**あ**【亜】㊀［造］①それに次ぐ。第二番目の。「亜種・亜流・亜熱帯」。②亜細亜（アジア）の略。「欧亜・東亜」。㊁［接頭］無機酸や酸化物で、酸化の程度が一段とひくいこと。「亜硫酸・亜硝酸・亜酸化銅」。

(3)『岩波国語辞典』(岩波書店・第8版)

○**あ**〖亜〗［亞］ア・つぐ　①次ぐ。㋐規準に取った何かに準じるものであること。「亜聖・亜目・亜流・亜熱帯」。㋑〔化学〕無機酸などで、酸化の程度が低いものに冠する。「亜硫酸・亜砒酸」。㋒〔生物〕種・科・目などの分類をさらに細かく分けたものであること。「亜種・亜目」。②「ア」に当たる外国語を表すのに使う。「亜米利加・亜刺比亜」。特に、㋐「亜細亜」の略。「亜欧・東亜」。㋑「亜爾然丁」の略。▽「堊」「啞」の代用としても使う。「白亜・亜鈴」。

　学生時代、「亜細亜」という語を目にするたびに、「なんだ、亜という字が二つもついて、アジアは次の次ということになるのか」と、いささか憂鬱な気分になったことがあります。

　もっとも、アメリカは「亜米利加」で、アラビアも「亜刺比亜」ですから、「亜」という字は使われています。「『ア』に当たる外国語を表すのに（便宜的に）使う」わけなので、そう気にすることはなのですが、中国では「アメリカ」は、「美国」と表記することを思えばずいぶん印象が違います。

そのうちに、『亜人』などという漫画が出版されたりして、映画にもなって上映されたようです。ともあれ「亜」という字は、なんだか気になる漢字ではあります。

　次に「犬」を取り上げます。
　時代劇などを見ておりますと、時々「犬死に」などという台詞が出てきて、おおよその見当はつくものの、なぜ「犬」なのかと訝しく思ったりしたものです。他にも「犬蓼」とか「犬黄楊」とかあって、犬好きの「犬派」としては、「犬」が不当に扱われている気がして納得しがたい思いがしたものです。
　これも辞書を引いてみますと、一応「なるほど」とは思うものの、次ページの『新明解国語辞典』の解説は、ちょっとひど過ぎないでしょうか。ただ、他の辞書の説明では、一体なぜ「いやしい。あさましい」の意なのか判然としないのですが、流石に『新明解国語辞典』では、よくわかるようになっています。
　それにしても、㊀㋐の説明は、とうてい承服しがたい。なぜなら、㊀の説明で「従順なので家・ヒツジなどの番をしたり嗅覚が鋭いので狩猟・犯人の捜査に協力したり目や耳の不自由な人を導いたりする。」とあるのだから、十分人間の役にたっており、㊀㋐の説明と矛盾するのではないでしょうか。
　おそらく辞書の執筆者は、そのことに気づいたので、取ってつけたかのように「主人や主家の家族によく懐き、時に生命を保護してくれる意味では有用だが」と付け加えたのでしょう。
　それから、「相手構わず…」の件ですが、私の観察によれば、

「犬」なりに雄・雌ともに相手をクンクンと嗅ぎまわり、時には気に入らないのか、吠えかかったりして入念に吟味し、充分選り好みしているように思われます。全く、犬に対する偏見も甚だしい限りです。

(1)『言海』大槻文彦(筑摩書房・縮刷版覆製)

○いぬ(名)｜犬｜狗｜(一)家ニ畜フ獣ノ名。人ノ善ク知ル所ナリ。最モ人ニ馴レ易ク、怜悧ニシテ愛情アリ。走ルコト速ク、狩ニ用ヰ、夜ヲ守ラスルナド、用少ナカラズ、種類多ク、近年、舶来ノ種アリテ、愈、一ナラズ。(二)草木ノ類ノ似テ正ナラザルモノノ称。「 ― 桜」「 ― 稗」。(三)徒ナルコト。益ナキコト。「 ― 死」「 ― カハユガリ」。

(2)『新明解国語辞典』(三省堂・第8版)

○いぬ【犬】㊀大昔から人間に飼育されてきた家畜。従順なので家・ヒツジなどの番をしたり嗅覚が鋭いので狩猟・犯人の捜査に協力したり目や耳の不自由な人を導いたりする。〔イヌ科〕「 ― を飼う/夫婦げんかは ― も食わない/警察の ―〔＝スパイ〕/権力の ―〔＝自分の立身出世と地位の安定を願い、上司の命令を忠実に聞く人〕」。㊁(造語)㋐役に立つ特定の植物に形態上は似ているが、多くは人間生活に直接有用ではないものであることを表す。にせ。「 ― タデ・ ― ツゲ」㋑〔主人や主家の家族によく懐き、時に生命を保護してくれる意味では有用だが、牛馬に比べてからだも小さく生産性が少ないと見られたり相手構わず交尾したりするところから〕「役に立たない」「恥を知らない」という意を表す。「 ― 死(ジ)に」「 ― 侍(ザムラ

イ）」

（3）『新選国語辞典』(小学館・第10版)

〇いぬ【犬】㊀名 ①イヌ科の哺乳類。嗅覚・聴覚が鋭い。もっとも古くから飼われ、種類が多い。狩猟・警察・救護・盲導・愛がん用など。②まわしもの。スパイ。㊁［造］〔名詞につく〕①似てはいるが、別物であることを示す。「 ― アカシア」。 ②いやしい。あさましい。「 ― ざむらい」。③むだ。役にたたない。「 ― 死に」。〔第39回〕

8.　「猫」について

　第39回で、「犬」の話を載せたところ、「猫」はいつになるのかという声があるとのことですので、今回は「猫」を取り上げます。

　犬派の私が、嫌いというのではありませんが、いまひとつ猫に親しみをもてないのは、おそらく子どもの頃の体験が影響しているのではないかと思います。小学生時、薄暗い理科準備室で見たホルマリン漬けになっている解剖された猫の標本や、鍋島猫騒動の化け猫、さらにはエドガー・アラン・ポーの『黒猫』等のイメージがトラウマになっているせいだろうと自分では思っています。もっとも、漱石の『吾輩は猫である』を読んでからは、多少猫に対するイメージは変わってきてはいます。

　ともあれ、とりあえず『言海』を引いてみます。「犬」でも引用しましたのでご存じの方もおられると思いますが、この『言海』は、内容や体裁が整った日本で最初の辞書です。奥付を見ると初版が明治22年5月15日になっています。私が持っているの

は、2004年に筑摩書房から復刻された文庫版で、これは、昭和6年3月15日に発行されたものを「そのままの大きさで覆製されたもの」です。この時点で628版と版を重ねています。当時は、どの家庭にも1冊は常備されていただろうと思われます。定価は1円80銭。今なら4〜5千円といったところでしょうか。

　「猫」の記述は次のとおりです。

○ねこ（名）｜猫｜（略）古ク、ネコマ。人家ニ畜フ小サキ獣、人ノ知ル所ナリ、温柔ニシテ馴レ易ク、又能ク鼠ヲ捕フレバ畜フ、然レドモ竊盗（窃盗）ノ性アリ、形、虎ニ似テ、二尺ニ足ラズ。性、睡リヲ好ミ、寒ヲ畏ル、毛色、白、黒、黄、駁 等種種ナリ、其睛、朝ハ圓ク、次第ニ縮ミテ、正午ハ針ノ如ク、午後復タ次第ニヒロガリテ、晩ハ再ビ玉ノ如シ、陰處ニテハ常ニ圓シ。（『言海』縮刷版覆製・筑摩書房）

　実は、この語釈に対して理知派にしてかつ懐疑派の芥川龍之介が次のようなクレームをつけています。「成程猫は膳の上の刺身を盗んだりするのに違ひはない。が、これをしも『窃盗の性アリ』と云ふならば、犬は風俗壊乱の性あり、燕は家宅侵入の性あり、蛇は脅迫の性あり、蝶は浮浪の性あり、鮫は殺人の性ありと云っても差し支えない道理であらう。按ずるに『言海』の著者大槻文彦先生は、少なくとも鳥獣魚貝に対する誹謗の性を具へた老学者である。」（『澄江堂雑記』二十四「猫」筑摩全集類聚・芥川龍之介全集第4巻）

　この芥川の批評のせいか、数年後に刊行された『大言海』（『言海』の増補版）では「然レドモ竊盗ノ性アリ」の一文は削除

されたようです。それにしても、芥川の批評にも「犬は風俗壊乱（ふうぞくかいらん）の性あり」と書かれており、昔から犬はこのように不名誉な烙印（ふめいよ らくいん）を押（お）されているのが残念（ざんねん）です。

　次に、「犬」の回でも引用しましたが、「日本でいちばん売れている小型国語辞典」という『新明解国語辞典』で調（しら）べてみます。

○ねこ【猫】㊀家に飼（か）う（愛玩用（あいがんよう））小動物。形はトラに似て、敏捷（びんしょう）。暖（あたた）かい所を好み、ネズミをよくとるとされる。品種（ひんしゅ）が多い。〔ネコ科〕「三毛 ― ・黒 ― ・ペルシャ ― 」㊁土製（どせい）の行火（あんか）。㊂三味線（しゃみせん）・芸者（げいしゃ）の俗称（ぞくしょう）。〔三味線はネコの皮を張（かわ は）るので言う〕㊃「猫車（ねこぐるま）・ネコヤナギ」の略（りゃく）。[かぞえ方]㊀は一匹。（『新明解国語辞典』

三省堂・第8版）

　この説明は、「犬」に比（くら）べると、やや見劣（みおと）りがすると言わざるを得（え）ません。前回引用（いんよう）した小学館の『新選国語辞典』（第10版）の語釈（ごしゃく）も平凡（へいぼん）で精彩（せいさい）を欠きます。そこで、時々「朝日新聞」の読書欄（どくしょらん）などででコラムを書いているサンキュータツオ（自称（じしょう）、学者芸人（しゃげいにん）・漫才師（まんざいし））という人が、辞書の中の「都会派（とかいは）」・「インテリ眼鏡（めがね）の委員長（いいんちょう）」と称（しょう）している『岩波国語辞典』を引いてみることにします。この辞書の最新版（さいしんばん）の帯（おび）には「いま読みやすい語釈（ごしゃく）を目指（めざ）し、▽印の注記（ちゅうき）もさらに充実（じゅうじつ）」とあります。

○ねこ【猫】①愛玩用（あいがんよう）、また、ねずみを取（と）らせるなどのために、古くから人が飼い親（した）しむ獣（けもの）。普通（ふつう）、犬より小さく、鋭（するど）い牙（きば）と爪（つめ）がある。鳴き声（な ごえ）は「にゃー」と聞きなされる。犬が忠実（ちゅうじつ）だとされるのに対し、魔性（ましょう）のものともいわれ、またのどを鳴（な）らして人にすり寄（よ）る姿を媚態（びたい）になぞらえたりする。雄（おす）の三毛猫（みけねこ）は少ないので、福（ふく）

をもたらすといわれる。(略)▽広くは野生のものも含め、ねこ科の小形の種の総称。②⑦三味線▽胴をネコの皮で張るから。④芸者。▽三味線を使う職業だから。③土製の、火を入れ布団の中に置いて暖を取る道具。ねこあんか。ねこ火ばち。④「ねこぐるま」の略。(『岩波国語辞典』第8版)

　確かに読みやすく面白い。「のどを鳴らして人にすり寄る」だなんて、なんだか、「猫派」に寝返りたくなるような記述です。岩波のこの辞書では「犬」より「猫」の方がより行数を割いており、『新明解』の方は、逆に「犬」の方に行数を割いています。ここから推理するに、岩波の執筆者は「猫派」で三省堂は「犬派」に違いないと思いますが、どうでしょうか。

　辞書の語釈は絶対ではありません。辞書に書いてあるからすべて正しいと思い込まずに、芥川龍之介のように懐疑的・批判的に読むことも大切です。最近は電子辞書が充実していて様々な辞書が入っていますので、複数の辞書を調べることで辞書をもっと楽しむことをお勧めしたいと思います。

　なお、芥川龍之介の『言海』評に関しては、評論家の武藤康史氏が、その著『国語辞典の名語釈』(筑摩書房)でも取り上げていますので、一読してみてはいかがでしょうか。〔第42回〕

【日本語学習者と指導者のための問題Ｂ】

　□次の1〜5の中で、〔　　〕に「ねこ」があてはまるものはどれですか。番号で答えなさい。(『語彙力ぐんぐん〔中上級〕』(スリーエーネットワーク・改)

1. 先月、会社が倒産した。しかし、このまま負け〔　　〕にはなりたくない。

2. いつもは上手なのに失敗しちゃって…。ああいうのを〔　　〕も木から落ちるというんだね。

3. 彼女、人に頼むときはいつも〔　　〕なで声で頼むんだ。

4. いくら逃げても逃げられない。もう、ふくろの〔　　〕だ。

5.「宝くじに当たったら、家を買おう」なんて、とらぬ〔　　〕の皮算用だね。

——【コラム②】『言海』について——

「犬」・「猫」の項で引用した辞書『言海』(大槻文彦)ですが、この辞書については、ご存じの方も多いと思います。内容や体裁が整った日本で最初の辞書で、明治24年に刊行されて以来、長年にわたって版を重ね、後に『大言海』に発展しました。

その辞書の縮刷版を、筑摩書房が2004年に復刻しました。明治22年5月15日に刊行された『言海』の628刷(昭和6年3月15日)が底本となっています。今読んでもなかなか興味深く面白い辞書です。

おりしも、この「日本語ミニ講座」を執筆している日(2022年12月11日)、NHKのBSプレミアムで「舟を編む」(原作:三浦しをん)という映画が放映されました。辞書作りのプロセスがよくわかるとともに、しみじみとした情味あふれる佳作に仕上がっていると思いますので、ご視聴をお薦めします。〔第39回〕

二、「敬語」について

1. 「敬語」について（テレビ番組「昼めし旅」他）

最近「昼めし旅」という番組をよく観ます。面白い番組なのですが、スタッフや出演するタレントの敬語の使い方が気になってなりません。

番組は、だいたいある村や町を取材しながら、出会った人に「今、何を<u>やられている</u>んですか？」と、声をかける場面から始まります。助動詞「れる／られる」は、①受身・②尊敬・③可能・④自発と4つの意味があり、ここは、もちろん②の「尊敬」だということがわかります。

しかしながら、「やる」という動詞が問題です。「やる」などという言葉は、どう用いても敬語になるとは私には思えません。ここは、「何を<u>なさっている</u>のですか？」もしくは、「何を<u>されている</u>のですか？」と言うべきではないでしょうか。

番組は、その後しばらく会話が続いて「ところで、<u>よろしかったら</u>、あなたのご飯を見せてください」と畳みかけるように言うのですが、この「よろしかったら」も耳障りでなりません。「よろしかったら」というのは、もてなす側が用いる言葉ではないでしょうか。「たいしたご飯ではないですが、<u>よろしかったらどうぞ</u>」という感じで。つまり、用い方が逆になっているのです。例えば、「どうぞ、召し上がってください」と言うべきところを「どうぞ、いただいてください」と言ってしまったりするのと同じような感覚でしょうか。

- 29 -

それでは、どう話しかけるべきでしょうか。この場合、「差し支えなければ」と言うのが相応しいように思います。私の知る限りでは、一人だけ篠原ともえというタレントがそのように話したのを記憶しています。

　それから、「何を食べていますか？」や「何をお食べになっていますか？」も気になります。もちろん「食ってますか？」よりはましなのですが、ここは「何を召し上がっていますか？」を用いて欲しいところです。この「召す」という言葉は便利な言葉で「何をお召しになりますか？」と言えば、「着物」にも使えます。

　次に、コマーシャルの話。最近、松たか子が「知ってた？」と、テレビ画面の向こうからにっこり微笑みかけてきます。ちょっと前は「知ってますか？」というのがありましたが、これは、吉高由里子です。お客さんに言う言葉だとすればちょっと失礼ではないでしょうか。ここは、「ご存じですか？」と言って欲しいものです。ところが、ありました。「あんしん、インプラント」というコマーシャルでは、ちゃんと「ご存じですか？」と言っているのです。

　今の日本で、敬語をほぼ完璧に話すことができる有名人は黒柳徹子ではないかと私は思っています。ところで、いささか私はテレビの見過ぎでしょうか。〔第4回〕

※追記：「よろしかったら」の使い方について、先日の「研修講座」で講師の古市由美子先生（東京大学大学院：日本語教育部門教授）に伺ったところ、「差し支えなかったら」と同じく、お願いするときのクッション語（緩衝語）と呼ばれるもので、必ずしも誤用とは言えないとのことでした。

2. 接頭語の「御」の読み方

　下記の文は、先日（2019年10月22日）、即位の礼での天皇陛下の「お言葉」の一部です。

　〈上皇陛下が30年以上にわたる①御在位の間、常に国民の幸せと世界の平和を願われ、いかなる時も国民と苦楽を共にされながら、その②御心を③御自身の④御姿で⑤御示しになってきたことに、改めて深く思いを致し、……〉（原文では「御心」以外の「御」は平仮名）

【日本語学習者と指導者のための問題C】

　□上記①～⑤の下線部「御」は、それぞれどのように読んだら良いのでしょうか。

　以下、『日本語の難問』（宝島社新書：宮腰 賢）による「御」の解説です。これをヒントに考えてみてください。

　〈「み」は、「御子・御言・御心・御輿・御簾・御霊・御堂・御法・御仏・御世・御代」など、神仏と天皇にかかわる語に付くだけの特別なものです。

　広く用いられるのは「お」と「ご」です。「お名前/ご氏名、おところ/ご住所、お住まい/ご住居、お仕事/ご職業、お年/ご年齢、お出掛け/ご外出、お疲れ/ご苦労、お休み/ご就寝」のように、「お」は和語に付き、「ご」は漢語に付くというのが原則ですが、「お席・お膳・お札・お産・お茶・お肉・お礼」「お愛想・お菓子・お元気・お丈夫・お世辞・お通夜」など、日常生活に溶け込んでい

て、漢語と意識されなくなっている語には「お」が付きます。

　また、「お返事/ご返事」「お誕生/ご誕生」のように「お」と「ご」の付く語、「お得」と「ご損」のように対になる語が「お」と「ご」に分かれる語というのもあります。「ごゆっくり・ごゆるり・ごもっとも」は、和語に「ご」の付いたまれな例です。

　おもしろいのは、「お足」と「おみ足」。「お足」と言うと、「足」があってどこかに歩いていくようにすぐになくなる「お金」のことですから、「足」の敬称としては「おみ足がお美しい」など「おみ足」が用いられます。「み輿」にさらに「お」を付けたのが「おみ輿」です。漢字をあてると「御御輿」になるので、ふつう「御神輿」と書きます。(p.48)〉〔第3回〕

3.「全国学力テスト」の結果から

　8月31日、文科省は小学6年と中学3年の全員を対象に実施した2021年度全国学力・学習状況調査(全国学力テスト)の結果を公表しました。中学では、夏目漱石の『吾輩は猫である』の一節を取り上げた問題などが出題されました。

　9月1日付の新聞によると、平均正答率は64.9%でしたが、中でも敬語を使う力が不十分で、「敬語の問題」に関しては正答率が40.9%だったそうです。

　そこで、今回はその「問題」の一部を取り上げてみました。

〈問題〉(実際の問題は縦書き)
④　総合的な学習の時間で、地元の伝統工芸である「焼き物」

について調べている青木さんのグループは、「ふるさと焼き物館」で焼き物作りの体験をしたいと考え、担当者とメールのやりとりをしています。

〈青木さんが送信する【二回目のメールの下書き】〉

　　件名：Re:Re:焼き物作りの体験について

ふるさと焼き物館　前田　花子　様

　　第一中学校の青木です。ご返信くださり、ありがとうございます。

　　希望のコースと人数ですが、Aコース2名、Bコース2名でお願いいたします。当日は開始時刻の10分前に<u>行く</u>予定です。

問一・問二（略）。

問三　傍線部「行く」とありますが、「行く」を適切な敬語に書き直し、その敬語の種類を次の1から3までの中から、一つ選びなさい。

　　1　尊敬語　　　2　謙譲語　　　3　丁寧語

　　問題自体は、ある年代以上の方ならそれほど難しいものではないかと思います。ただ近年、家庭でも社会でも敬語を使う機会が少なくなっていますし、学校の授業でもあまり扱わない分野なのかもしれません。何より学校の若い指導者（教員）が敬語を知らないのではないかという気がします。

　　「解答例」は次の通りです。

○行く→「伺う」・「参る」・「ご訪問する」・「お訪ねする」など。

　　敬語の種類　→　2　　〔第 24 回〕

三、誤字・誤読・気になる用法

1. 「ニンキ」のない商店街？

　金曜日（2020年8月28日）の朝7時過ぎ、何気なくテレビの8チャンネルでニュース番組を見ているとアナウンサーが「『ニンキ』のない商店街…」と言っているのが聞こえてきました。「おや？」と思っていたら、案の定、番組の終わりに「『ニンキ』のない商店街は、『ヒトケ』のない商店街の間違いでした」と訂正が入りました。この手の読み間違いはよくあります。これは、context（前後関係、文脈）をよく考えないために生じるミスだと言えるでしょう。ということで、今回は、読み方について考えてみたいと思います。

　例えば、川端康成の有名な小説『雪国』の冒頭、「国境の長いトンネルを抜けると雪国であった」の「国境」を皆さんは、どのように読んでいるでしょうか。多くの方が「コッキョウ」と読んでいるようですし、皆さんの中にもそのように読まれる方が多いのではないでしょうか。しかしながら、管見によれば、島国日本に「コッキョウ」があったのは、南樺太が日本領であった頃の北緯50度線以外には思い浮かびません。ですから、ここはやはり「クニザカイ」と読むべきではないでしょうか。

　話変わって、夏目漱石に『愚見数則』（岩波書店・全集第16巻1995年版）という評論があります。これは、当時漱石が勤務していた愛媛県立松山中学校の生徒に向けた文章です。その中に、

「人を観ば其肺肝を見よ、夫が出来ずば手を下す事勿れ、水瓜の善悪は叩いて知る、人の高下は胸裏の利刀を揮つて真二に割つて知れ、叩いた位で知れると思ふと、飛んだ怪我をする」（傍線、関）という一文があります。

　そこで「善悪」の読み方ですが、全集の本文にはいっさい振り仮名はついていません。うっかりすると「ゼンアク」と読んでしまいそうですが、そもそも水瓜（＝西瓜）に「ゼンアク」があるでしょうか。ここは、「ヨシアシ」と読まなければいけないと思うのです。「其」・「夫」は、現在なら「其の」「夫れ」と表記するところでしょうが、そうはなっていませんので「善悪」も「善し悪し」と読むべきなのです。ちなみに「真二」は「真っ二つ」と読むのでしょう。

　次に、「真面目」の読み方です。『広辞苑』（第6版）の用例に「真面目を発揮する」と「瞽女のうたふ越後節の真面目はこれでございだ」（「浮世床」）が出ていますが、これは「マジメ」ではなく「シンメンモク」または「シンメンボク」と読みます。ここは「その物の本来の姿」・「転じて真価」の意で用いられています。よく読めば「マジメ」の意味で使われていないのは明らかで、やはりcontext からの判断が問われています。

　「人気」・「国境」・「真面目」だけではなく、「一分」（イップン／イチブ）、「一行」（イチギョウ／イッコウ）、「気質」（キシツ／カタギ）、「今日」（キョウ／コンニチ）、「最中」（サイチュウ／モナカ）、「上手」（ジョウズ／カミテ／ウワテ）、「分別」（フンベツ／ブンベツ）、「床」（トコ／ユカ）。動詞なら、「抱く」（イダ・ク／ダ・ク）。「止める」（ト・メル／ヤ・メル）等、探せば結構ありそうです。

続いて森鷗外の『舞姫』というこれまた有名な作品からの引用です。主人公太田豊太郎が、初めてエリスと出会う場面です。この作品には、読み方が複数ある漢字が多く出てきます。

〈「年は十六、七なるべし。かむりし巾を漏れたる髪の色は、薄きこがね色にて、着たる①衣は垢つき汚れたりとも見えず。わが足音に驚かされて顧みたる②面、余に詩人の筆なければこれを写すべくもあらず。この青く清らにて、物問ひたげに憂ひを含める③目の、半ば露を宿せる長きまつげにおほはれたるは、なにゆゑに一顧したるのみにて、用心深きわが心の底まではとほしたるか」「あとは欷歔の声のみ。わが④眼はこのうつむきたる⑤少女の震ふ⑥項にのみ注がれたり」「かれ（エリス）はすぐれて美なり。乳のごとき色の⑦顔は灯火に映じて薄紅を潮したり。手足のか細くたをやかなるは、貧家の⑧女に似ず」「少女は……はらはらと落つる熱き涙をわが手の⑨背に注ぎつ」〉（『なつかしの高校国語』筑摩書房）〔第11回〕

【日本語学習者と指導者のための問題Ｄ】

□上記、引用文中の傍線部の語はそれぞれどのように読んだらよいでしょうか。①・③の例にならって答えなさい。

①衣 …〔 きぬ 〕、②面 …〔　　　　〕、③目 …〔 まみ 〕、

④眼 …〔　　　　〕、⑤少女 …〔　　　　〕、⑥項 …〔　　　　〕、

⑦顔 …〔　　　　〕、⑧女 …〔　　　　〕、⑨背 …〔　　　　〕。

＊参考：なお、「目」についてですが、『なつかしの高校国

語』では、「まみ」とルビが振られていますが、角川ソフィア文庫版の鷗外の『舞姫』では、単に「め」とルビが振られています。しかし、それではこの小説の文脈にそぐわないと思います。ただ、どの辞書を引いても単独で「まみ」と読ませる辞書はありません。「目見」で「まみ」のようです。

【日本語学習者と指導者のための問題Ｅ】

□次の「音」は、それぞれどう読んだらよいでしょうか。

①「風の音、虫の音につけて、もののみ悲しう思さるるに…」（「源氏物語」桐壺）

②「あしびきの山郭公今日とてや菖蒲の草の音に立てて鳴く」（「拾遺」夏・111）

＊ヒント:〈「ね」が、楽器の音、虫・鳥の鳴き声など、心に訴える音声をさし、(略)「おと」は、比較的大きい音、また広く音響一般をさす〉（『全訳古語辞典』旺文社・第5版）。②は、短歌の形式（五・七・五・七・七）を考えてみてください。「音に立てて鳴く」は、慣用句で「声に出して鳴く」の意。

2. 『ペスト』(カミュ)の誤訳？

コロナ禍の自粛期間を利用して、1週間ほどかけ最近話題になっている『ペスト』を読みました。本は、大学生の頃に購入した新潮社の「世界文学全集37」。作品は、『ペスト』(訳：宮崎嶺雄)の他に『異邦人』(訳：窪田啓作)、『転落』(訳：佐藤朔)、『誤解』(訳：加藤道夫)が収められています。奥付を見ると、発行は

1971年6月30日とあるから、ほとんど半世紀以上前の出版になります。ではありますが、箱が少し汚れかけてはいるものの、本自体は昨日買ってきたばかりのように新しい感じがします。今のこの種の本は2、3年もすれば、紙がすぐに黄ばんだりして劣化してしまうことを考えるとずいぶん稀なことです。

　実は、その時読んだのは『異邦人』だけでした。『ペスト』も読んでおこうと思ったのですが、やや長い作品ですので、それで読むのを断念したのかもしれません。当時（70年代）流行した「不条理」をある程度理解しておくためには、『異邦人』を読んでおけば事足りると、青二才だった私は、傲慢にしてかつ浅はかにも考えたものと思われます。

　ともあれ、新型コロナウイルスの件がなければ、おそらく一生読む機会のなかった作品だったに違いありません。作品の価値については、いまさら申し上げるまでもありませんが、私が特に参考になったと思うのは、NHKのEテレ「100分 de名著『ペスト』」です。

　ところで、作品について感想を述べるのはこの講座の趣旨ではありません。今回取り上げるのは、翻訳上のミスではないかと思われる部分です。全集の本文191ページ下段14行め、第2章のちょうど真ん中あたり。以下、引用してみます。

　〈タルーは、そういう見方をすれば誰だってあやしいのだということを考えさせようとした。しかし相手はまったく旗色鮮明で、その問題については実にはっきりした見解をもっていた〉（傍線、関）とあって、その「旗色鮮明」の個所で、ページをめくる私

の手は止まりました。

　私の知る限りでは、「旗色」の用法は「旗色がいい」か「旗色が悪い」の二つしかありません。「旗色」とは「〔戦争・試合・勝負事などの〕勝ち負けの形勢」(『新明解国語辞典』三省堂・第6版)のことです。ですから、おそらく、ここは「旗幟鮮明」の間違いだろうと思われます。

　前述の『新明解国語辞典』によれば、「旗幟」は「〔合戦に用いた旗(じるし)の意〕(表立って示す、自分の)立場。方針。主張」とあって、例文として「―鮮明」と出ています。つまり、どちらの立場なのかはっきり表明する、というときに、この「旗幟鮮明」が用いられるのです。ここは、たぶん「職」に類似した「幟」を「しょく」と勘違いして、「旗幟」を「きしょく」と誤読したために生じた間違いなのではないかと推測されます。

　ちなみに、小学館の『新選国語辞典』(第8版)で「きしょく」【旗幟】を引いてみると、「『きし』のあやまり」とはっきり載っています。ひょっとして、訳者は「旗色鮮明」を「はたいろせんめい」ではなく「きしょくせんめい」と読ませるつもりだったのかもしれません。つまり、ここは「旗幟」を「きしょく」と読み間違え、さらに「旗色」を「きしょく」と読ませてしまうという二重のミスの結果、このような誤りを生じさせたのではないかと思うのです。〔第10回〕

3.　『ペスト』(カミュ)の続き、他。

　今回は、「第10回」で取り上げたカミュの小説『ペスト』の後

日談です。

「旗色鮮明」は、「旗幟鮮明」の間違いではないかという疑問でした。ずっと気になっていたので、同じ出版社で同じ訳者の本を再度購入するのは少々癖だったのですが、好奇心には克てず、とうとう文庫本（新潮社・令和2年4月刷）を新しく買ってしまいました。結論から申しますと、やはり思った通りでした。

文庫本の奥付を見ると、初版発行が昭和44年（1969）ですので、私がもともと所持していた全集本より2年ほど早い発行になります。ですから、この時点で訂正されていたとは考えにくいので、おそらく改版された平成16年に改訳されたものでしょう。ちなみに、他にも「あの人たちの方」が「あの人たちのほう」と平仮名になっていたり、何十カ所か改訂が見られます。

このように、他人の間違いばかり気になるというのは、自分でもちょっと困った性癖かなと反省しています。もっとも、長年携わっていた私の職業に影響された面もあるかもしれません。先日も、「有吉くんの正直さんぽ」というテレビ番組を見ていたときのことですが、ゲストのタレント（女性。レギュラーの生野陽子さんではありません）が、「各々」を「かくかく」と読んだのには呆れてしまいました。

そこで、今度は漢字の誤読について取り上げてみたいと思います。

先日（'20年8月28日）、首相を辞任した安倍さんですが、在任中、参院の本会議で「云々」を「でんでん」と読み間違えた

と言われています。なぜ「でんでん」なのか考えてみたのですが、おそらく、人偏をつければ「伝々」となりますので、そこから類推したものと思われます。この類推自体は理解できるもので、例えば、「青」という字から「清」・「晴」・「精」・「請」などが思い浮かびます。

　ところで、問題なのは「云」という字です。そこに草冠をつけると「芸術」の「芸」になりますが、この字はもともとは「藝」と書くことはご存じかと思います。「藝」の字が複雑なので、簡略化して「芸」にしたのです。ところが、本来「芸」と「藝」は全く別字なのです。「芸亭」という奈良時代末期につくられた日本最古の図書館がありますが、それを知っていれば間違えることはなかったかもしれません。

　そういえば、「雲」の字にも「云」が入っていて、「うん」と読みますね。とにかく、むやみに漢字を簡略化するのは考えものだと思います。

　特に「東京藝術大学」の「藝」、「慶應義塾大学」の「應」、「國學院大學」の「國」・「學」、駒澤大学の「澤」など固有名詞は正字を使いたいものです。「萬」という字も「万」では、何だか重厚さというか威厳のようなものがなくなってしまいます。

　ここで念のため、この頃、すっかり縁が遠のいた財布の中の福沢諭吉さんを確認してみたのですが、「壱万円」となっていました。「いち」は「壱」なのですが、「まん」は「萬」ではなく「万」。当然、「えん」も「圓」ではなく「円」でした。どうりで最近有難みに欠けるわけです（笑）。〔第12回〕

4. 気になる用法(「〜さん」・「〜様」)

　今月(2020年12月)の6日、日本語教室から帰宅して、午後はラグビー「関東大学対抗戦」の決勝戦、早大対明大をテレビで観ました。結果は、14-34で明大が優勝したのですが、その時のゲストが五郎丸 歩(敬称略)で、試合の感想を述べる時に「明治さん」と言っていたのが気になりました。その何日か後、やはりテレビで稲垣吾郎(敬称略)がインタビューに答えて「明治神宮様」と言っているのを聞きました。

　近年、会社名や職業に「さん」や「様」をつけることが多いので、その延長かとも思います。「明治神宮」は、明治天皇と昭憲皇太后を祀った神社であるし、そうでなくても神社は神様を祀るところなので、何となく恐れ多くて「様」をつけたのはわからなくもない。しかしながら、大学名にまで「さん」をつけるのはいかがなものかと思います。

　そういえば、『新解さんの謎』(赤瀬川原平)という本があって、かつて話題になりましたが、『新明解国語辞典』(三省堂)という「辞典」が「さん」付けで本の題名になったわけです。これなどは、親しみを込めてそう呼ばれたのでしょうが、この場合はそれほど違和感は覚えません。

　しかし、『明鏡国語辞典』の編者である北原保雄の『問題な日本語 その3』(大修館書店)では、〈「様」は人あるいは人に類する言葉に付くのが原則です〉と述べています。ですから、丁寧に言いたいからといって、なんにでも「様」を付けるのは、いかがなものでしょうか。「慇懃無礼」という言葉がありますが、「様」や「さ

ん」をつけることで、かえって失礼になる場合もあるのではない
かと感じました。〔第15回〕

5.　気になる用法(「〜たち」)
　前回「〜さん」・「〜様」について、取り上げましたが、今回は
「〜たち」について考えてみたいと思います。井上ひさし(2010
年没)の『日本語教室』(新潮新書)の中に〈大江(健三郎)さんはす
ごい〉という文章がありました。どうすごいのかというと〈大江さ
んはたとえば『書物たち』という具合に、初めて無機物にも『た
ち』をつけたりしました。それから比喩がすごい〉とあります。
　一方、中国文学者の高島俊男(2021年没)という人は『キライ
なことば勢揃い』(文春文庫)の中で、〈京都市の杉山英子さんに
よれば、ちかごろの女性ファッション誌は「この冬に着たいコート
たち」「食卓をいろどる食器たち」と何にでも「たち」をつけるの
だそうな。物に「たち」がつくのはおかしいねえ。「帽子たち」・「靴
たち」・「かばんたち」などと言うのかしら〉と批判的です。
　大江健三郎の初期の小説を2、3読み直してみたのですが、
残念ながら「書物たち」という言い方は見つけることができませ
んでした。そのかわりに「小鳥たち」という表現が『遅れてきた青
年』(新潮文庫)の中にあるのを見つけました。「小鳥」は無機物で
はないせいか、「小鳥たち」にはそれほど違和感はありません
が、この「たち」という言い方について、皆さんはどのように思わ
れますか。

この問題は日本語には複数形がないということからきているわけですが、日本語の持つ欠陥の一つではないかと私は思っています。〔第16回①〕

※追記：その後、「週刊文春」(2023年1月19日号)で作家の朝井リョウが「二〇二二年に読んだ本たち」という文を書いています。また、「東京新聞」(2023年5月1日)では、書評家の豊崎由美が「いってらっしゃいわたしの本たち」というエッセイを掲載していました。さらに、最近NHKの料理番組で、出演者が「野菜たち」と話しているのを耳にしました。このように「〜たち」は、今では、普通に使われているようですが、馴染めない人もいるのではないでしょうか。

6. 「他人事」をどう読むか

　コロナ感染者が拡大する中で、新型コロナ対策分科会の尾身会長がしきりに「たにん事と思わずに…」と呼び掛けている場面をTVで見かけましたが、この「たにん事」という言い方が耳障りで気になりました。

　「たにん行儀」という言い方はあるけれど、「たにん事」などと言うのだろうかという疑問です。念のため国語辞典で調べてみると、はたして〈「ひとごと」に当てた「他人事」から、あやまって生じたことば〉(『三省堂国語辞典』第7版)とあります。また、『岩波国語辞典』(第8版)でも〈「ひとごと」と読むべきを誤ってできた語〉と説明しています。

　さらに『広辞苑』(第6版)では「⇒ひとごと」となっていて、「ひと

ごと」で調べ直すと〈近年、俗に「他人事」の表記にひかれて「たにんごと」ともいう〉とあります。ただ、小学館の『新選国語辞典』（第9版）では「たにんごと」と引くと「ひとごと」とあっさり言い換えています。これらからわかることは、「たにん事」と読んでも、すでに全くの誤りとも言えないということのようです。

　まことに言葉は「生きもの」だということを思い知らされますが、私としては、やはり「ひとごと」と読んでほしいと密かに願っています。〔第16回②〕

7.　「超やべー」について（オリンピック観戦記）

　オリンピックが終わりました。個人的には必ずしも開催に賛成ではありませんでしたが、出場選手には何の責任もありませんので、いざ始まると結構いろいろな競技を見てしまいました。

　その中で特に興味をひいた競技の一つに今大会から追加競技となったスケートボードがあります。今回は、その解説者の言葉遣いを取り上げてみたいと思います。

　NHKの「Eテレ」で見ていたのですが、その中継解説者でプロスケートボード選手の瀬尻稜さん（24）が、選手がみせる技（トリック）に対し「超やべー」「半端ねぇー」とか「鬼早い」などと今時の若者ことばで解説していたのです。聞いていてNHKらしからぬし、非常に耳障りで違和感を私は覚えました。

　ところが、これが〈新競技だけに知らない人が多い中、瀬尻さんの解説は好評そのもの〉（「東京新聞」7. 27夕刊）だというのです。さらに〈ネット上では「丁寧なアナウンサーとのギャップも面

白い。それでいて別に失礼な感じもないし、解説もわかりやすい」、「NHKのスポーツ中継にはなかった若者言葉。新しい競技って事を鬼感じるッス」と感想をつぶやく人もいた〉（同上）と、いたって肯定的なのです。

　確かに「失礼な感じもないし、解説も（比較的）わかりやすい」とは思いました。ただ、話し方もわきまえない無知（あるいは無恥）な解説者という印象は拭いきれませんでした。ちょと言い過ぎかもしれませんが、皆さんはどう思われますか？　それとも、私の感覚や考え方が古いのでしょうか。

　ちなみに、「やばい」を辞書で引くと次のとおりです。

〇やば・い（形）〔俗〕①あぶない。「─ 仕事・─ 、警察が来るぞ」②まずい。だめ。「そのやり方では ─ 」③すばらしい。むちゅうになりそうであぶない。「今度の新車は ─ 」④〔程度が〕大きい。「教科書の量が ─・─〔＝すごく〕おいしいよ」▽〔③は1980年代から例があり、21世紀になって広まった言い方。④はそのあとに広まった〕（『三省堂国語辞典』第7版）。

　同じ三省堂の姉妹辞書『新明解国語辞典』（第7版）によれば、「もと、香具師や犯罪者仲間などの社会での隠語」と解説してあります。「犯罪者仲間など」の隠語だったとすれば、このような言葉を私は外国人の方に用いたり、教えたりするのはためらわざるをえません。まして、NHKのしかも「Eテレ」といえば、以前の「教育テレビ」です。いかがなものでしょうか。

　そういえば、「やばいよ、やばいよ」を連発することで有名なお笑いタレント（芸人）もいますね。「やばい」時代になったもの

です。〔第23回〕

※追記：ところで、この「オリンピック観戦記」を読まれたある会員の方から「観戦記を拝見して私も全く同じことを考えておりました。スケートボードは苦々しい思いで見ておりましたが、一方で体操の橋本大輝（順大）選手は、演技も受け答えも素晴らしく感心しました。」とのメールをいただきました。たいへん心強く励みになりました。この場をお借りして御礼申し上げます。

8.　気になる誤字・誤用

　特段、粗探しが好きというわけではないと自分では思っていますが、新聞・雑誌・単行本等を読んでいて、結構誤字・脱字・誤用を見つけることがあります。最近、東京五輪汚職事件に関与して会長が辞任に追い込まれた某出版社などは、ひどい時がありました。中には誤字ではないものの、活字が横になったり、逆さまになったりしていることもありました（現在はデジタル技術が進歩してそんなことはありません）。そこへいくと流石に岩波文庫などは、誤字・脱字・誤用が滅多にないようですが、それでも皆無というわけではないようです。

　例えば、『日本童謡集』（与田準一編）のp.232。「小母さまと菊」（佐藤義美）の最後の一節に「小母さまは／菊のにおい／菊のにおいが／泌みていなさる」とあります。もちろん「泌みて」は「沁みて」の間違い。こともあろうに、「泌尿器科」の「泌」と間違えるとは。皆さんもくれぐれも気をつけてください。なお、編者の与田準一の「準」は「準」ではないようです。

- 47 -

次は誤用の例。『ルポ　技能実習生』(澤田晃宏・ちくま新書)の p.126。「ナイトクラブで女性をはびこらせ飲んでいる様は同じ日本人として恥ずかしい思いがした」の「はびこらせ」は、明らかに「はべらせ」の誤用だろうと思います。「はびこる」は「草木がのびてひろがる」、転じて「はばを利かせる・増長する」の意です。それはそれとして、この『ルポ　技能実習生』は、会員の皆さんに是非読んで欲しい本の1冊です。〔第38回②〕

【日本語学習者と指導者のための問題Ｆ】

　□次の下線部を正しい漢字に直しなさい。

1. 多くの聴衆を前に気遅れする。
2. 先生の気嫌を損ねる。
3. そんな失礼なことを言うとは言語同断だ。
4. 不祥事の前後策を講じる。
5. 日本語能力試験を目指して無我無中で勉強する。

——【コラム③】「オクトーレ」について——

　いつの間にか、八王子駅前のビル「東急スクエア」が「オクトーレ」に変わっていました。「オクト」は、英語の「octagon八角形」・「octave8度音程」・「octopus蛸」の「八」の意だとすぐ気づきましたが、「レ」には何か意味があるのだろうかと書いたところ、さっそく会員の林英一さんから次のようなご助言をいただきました。〈私の勝手な解釈ですが八王子の「八」(oct オクト)、これに「通れ」(toure トーレ)」をつけて「オクトーレ」にしたので

はないかと思います。たまたまスペイン語の「入って」(entre エントレ)にも近く、響きもそんな感じで洒落て聞こえませんか〉。林さん、有難うございました。ただ、「白水社」のスペイン語辞典では entre は前置詞で、「〜の間に」・「〜の中で」とあります。動詞なら entrar です。ここは、むしろフランス語の entrée〔アントレ：入ること〕(『クラウン仏和辞典』三省堂・第5版)の方が、日本人には馴染み深いような気がします。特にフランス料理の「アントレ」は日本語にもなっていますので。〔第20回②〕

八王子駅前「オクトーレ」外観

四、紛らわしいことば

1.「〜ときている」と「〜ときいている」

　「にほんごの会」の活動にかかわって、現在（2022年）6年目を迎えます。その間、学習者からさまざまな質問を受けましたが、今回は、その中でも印象に残っているものを取り上げたいと思います。

【質問】(1)

□「あの店は、料理が美味しい上に値段が安いときている」という文がありましたが、「きている」というのは「聞いている」の間違いではありませんか。

→これは、ゴーダイ君という上級者（日本語能力試験2級取得者）からの質問でした。一瞬、「なるほど、そう来たか！」と思いました。念のため、『TRY！N1―文法から伸ばす日本語―』（アスク出版）で確認すると、「きている」ではないのですが、「きたら」の用例として、次のような例文がありました。

〇うちの子ときたら、いつもゲームばかりやっていて、声をかけても返事もしない。

〇最近の若い人ときたら、電車の中で床に座り込んだりして、恥ずかしくないのかしら。

〇あの店ときたら、「遅い・高い・まずい」で、もう二度と行くものか。

　その解説として、〈「〜ときたら」は「〜本当に困る／ひどすぎる／だめだ」などの気持ちで相手や物を非難するときに使われ

る〉（前掲書p.112）とあります。学習者が質問した「あの店は、料理が美味しい上に値段が安いときている」の場合は、「きたら」とは逆に「本当にすばらしい」とか「すごい／最高だ」という意味が込められていることになるでしょうか。

　ちなみに、「来る」をいくつかの国語辞典で調べてみました。

○〔「…と—」の形で〕…ということになる。「おやじと来たらこづかいもくれない・まずい上に値段も高いと来ては話にならない」（『三省堂国語辞典』第7版）

○『ときている』『ときたものだ』…である意を取り立てて言う表現。「それが面白いときている」「彼が軽率ときたもんだから」。『ときたら』『ときては』『と—と』『ときた日には』…を取り上げて言い立てれば。「野球とくると飯より好きだ」（『岩波国語辞典』第8版）

○（「…とくる」の形で）そのことを強調して言うことを表す語。「酒ときたら目がない」「あいつときたら…」（『現代国語例解辞典』小学館・第3版）

○（「…ときたら」「…とくると」「…ときている」などの形で）「…」をとくに強めていう言い方。「妹ときたら、なまいきでしょうがない」「球拾いはいつも一年生ときている」〔参考〕ふつう、かなで書く。（『ベネッセ新修国語辞典』第2版）

　以上、ある事柄を取り立てて言ったり、強調して言うときに用いられる用法です。

　なお、「そう来たか！」の場合は、例えば囲碁・将棋などのゲームで、相手が予想外の手を用いてきたときなどに発せられる

場合が多いように思います。この「～ときたら」や「～ときている」は、実際にN1程度の試験に出題されていますので、受験希望者には必須事項の一つと言えそうです。

【質問】(2)
□「高尾山へ行きます」と「高尾山に行きます」の違いは何ですか。それから、「石につまずく」と「石でつまずく」の違いは何ですか。

→これは日本語能力試験2級を目指している学習者からの質問でした。日本人にとって、英語の前置詞が難しいように、外国人には日本語の助詞が分かりにくいもののようです。もっとも、日本人自身にとっても紛らわしい場合が結構あります。

　まず、「へ」・「に」・「で」についてですが、四種類ある「助詞」の中でも主に体言(名詞)に付いて文節と文節の関係を示す「格助詞」に分類されます。格助詞は、「が・の・を・に・へ・と・より・から・で・や」の10語あります。

○高尾山へ行きます…この場合の「へ」は、高尾山へ向かって行くということで、「方向」を表します。

○高尾山に行きます…この場合の「に」は、高尾山という場所に行くということで、「場所」や「帰着点」を表します。

　次に、「石につまずく」と「石でつまずく」の違いについてですが、後者の「石でつまずく」は誤用ではないにしても、あまり言わないような気がします。「階段でつまずく」なら違和感はありません。

○石に<u>つまずく</u>…この場合の「に」は、「つまずく」という「動作・行為の原因」が石であることを表します。

○階段で<u>つまずく</u>…この場合の「で」は、階段という「場所」でつまずくか、もしくは階段が「原因・理由」となってつまずくという複数の意味が考えられます。「原因・理由」だとすると「石でつまずく」という言い方もそれほど不自然とはいえないかもしれません。ただし、「階段につまずく」とは普通言わないでしょう。いや、わからなくなってきました。

　いやはや、本当に日本語は難しいですね。〔第36回〕

【日本語学習者と指導者のための問題Ｇ】

　□(　　　)に何を入れますか。①・②・③・④から、一番いいものを一つ選びなさい。(『日本語総まとめ N4』アスク出版・改)

1. このパソコンは、ときどきフリーズすること(　　　　)。

① にあります　　② があります　　③ にします

④ になります

2. わたしは、夜はコーヒーやお茶を飲まないこと(　　　)。

① になります　　② はしていません

③ になっています　　④ にしています

3. A:「ここのランチ、どれでもおいしいですよ。」

　　B:「そうですか。じゃ、わたしは、ハンバーグランチ(　　)します。」

① を　　　　② に　　　　③ で　　　　④ も

4. わたしの母は、外国人に日本語を教える学校（　　）働いています。

① に　　　　② へ　　　　③ で　　　　④ まで

2. 「ゆく」と「いく」・「よい」と「いい」

　今度は、「行く」と「行く」の違い、「良い」と「良い」の違いについて質問されました。いずれも「書きことば（文語）」と「話しことば（口語）」の違いではないか、ということぐらいしか言えなかったのですが、その後、気になったので調べてみました。以下、比較的ハンディな小型辞書による解説です。

(1)「行く」と「行く」の違い

◎『新選国語辞典』（小学館・第9版）

○**ゆ・く**【行く・△往く】自五　→　いく。参考 奈良・平安時代から「いく」とともに使われてきた。かつては「ゆく」が標準的だったが、現代では音便形を欠くことなどから、「いく」が優勢である。「ゆく」はややあらたまった感じをもち、文章語的である。複合動詞の後半部となる場合には「ふけゆく」「さりゆく」など「ゆく」が使われることが多い。

◎『岩波国語辞典』（岩波書店・第8版）

○**ゆ-く**【行く・△往く・△逝く】〔五自〕▽古くから「いく」とも言う。口語で「て」「た」「たら」などに続く場合は「いって」「いった」「いったら」などの形になる。「ゆいて」の音便形もあった。

◎『明鏡国語辞典』（大修館書店・第2版）

この辞典は「ゆく」と引くと、「　→　いく」となっており、「ゆく」の項目はありません。「いく」で調べると次の通りです。

○い・く【行く・逝く】〔動五〕。［表現］「ゆく」とも。「ゆく」には「いく」にない古風で優雅な響きがあり、「去りゆく」「進みゆく」「更けゆく」「暮れゆく」など、一般に文語的表現で用いられる。また、「ゆく」には促音便形がなく、「学校にゆった」とはならない。近年、口語的で活用のそろった「いく」のほうが優勢。

　なお、「日本で一番売れている」とされる『新明解国語辞典』（三省堂・第7版）の「ゆく」の説明では、単に〔音便形は、「いった」・「いって」〕とあるだけです。「ゆく」自体の語釈は読んで面白いのですが…。特に、曰の㊂。自分で調べてみてください。『三省堂国語辞典』（第7版）も、〔「いく」の書きことばふうの形。音便の形は「いった」・「いって」〕とあるだけで、三省堂の辞書はいたって素っ気ないです。

　以上の内容を整理すると、「ゆく」は、古風なややあらたまった文語的表現であり、「いく」は口語的表現で、現在は「いく」の方が優勢的に使用されると言って良いでしょう。「新宿行きの電車」は、「新宿いきの電車」と読む方が現在は一般的ということのようです。

(2)「よい」と「いい」の違い

　前述の『新選国語辞典』（小学館・第9版）によれば、「参考 終止形・連体形の『よい』は改まったばあいに使われ、ふだんの話しことばでは『いい』が使われる」とあります。やはり、(1)の「行く」

と同様、「文語的表現」と「口語的表現」との違いということのようです。〔第13回〕

3. 「間違う」と「間違える」

　学習者の方に、「間違う」と「間違える」はどう違うのですか、と質問されたことがあります。その時の説明が十分ではなかったように思いますので、ここで改めて説明します。簡単に言えば、まず動詞の活用の種類が違うということです。意味はそれほど変わりません。『ベネッセ新修国語辞典』（第2版）の語釈は次のとおりです。

○**まちが・う**【間違う】㊀〔自五〕正しくない状態になってしまう。「解答が ― ・っている」㊁〔他五〕①やりそこなう。「計算を ― 」　②とりちがえる。「行く場所を ― 」

○**まちが・える**【間違える】〔他下一〕①まちがいをする。失敗する。「計算を ― 」「漢字の筆順を ― 」　②ほかのものととりちがえる。「教室を ― 」

　どちらの用例にも、「計算を ― 」とあるので、ほぼ同じ意味で用いられると考えて差し支えないでしょう。『岩波国語辞典』（第8版）によれば、「間違う」は、「本来は『間違える』に対する自動詞」との補足的説明があります。また、『新明解国語辞典』（第8版）には、「間違う」は、「『紛う』と『違う』との混交という」説明が付されています。

　つまり、「間違う」は、「紛う」と「違う」の二つの動詞が混同して用いられるようになったのではないかと言っているのです。

- 56 -

動詞の活用の種類が違うと書きましたが、学習者に説明するには日本の学校文法の「五段活用」・「下一段活用」では、分かりにくいでしょう。「間違う」は、「1グループ」。「間違える」は、「2グループ」と説明する必要があると思います。ここで、いつも気になるのは、『みんなの日本語』(スリーエーネットワーク)だけが、何故か「グループ」ではなく「フォーム」と称していることです。「スリーエーネットワーク」が発行している書籍は多数ありますが、他はだいたい「グループ」になっています。時々「類」(Ⅰ類・Ⅱ類・Ⅲ類)と称している書籍もあります。できれば統一して欲しいものです。

　もう一つ、「動詞の活用の種類」のほかに「自動詞と他動詞」の区別があります。「間違える」は「他動詞」ですが、「間違う」は、「自動詞」と「他動詞」の両方の用法があるのです。

　それでは「自動詞」と「他動詞」は、どう区別すればよいのでしょうか。次に、簡単に解説します。

○**自動詞**…主語についての動作・作用を表します。具体的には「〜は」・「〜が」という主語に続きます。

〔例〕・窓から高尾山**が**見える。
　　　　　　　　（主語）

　　　・展望台に人**が**集まる。
　　　　　　　（主語）

○**他動詞**…主語以外のものへの動作・作用を表します。具体的には、多く「〜を」という修飾語に続きます。すなわち「目的語」をともないます。

〔例〕・窓越しに 高尾山を 見る。
　　　　（目的語）

　　　・ビアガーデンに 人を 集める。
　　　　　　　（目的語）

　前述の『ベネッセ新修国語辞典』(第2版)の語釈の場合でいうと、「解答が間違っている」という用例では、「解答」が主語になりますので、「間違っている」の「間違って」は「自動詞」ということになるのです。ちなみに、他の用例にはすべて「～を」が動詞の前にあって、目的語をともないますので、「他動詞」ということになります。〔第46回〕

【日本語学習者と指導者のための問題Ｈ】

①次の下線部の動詞について、自動詞ならば「自」、他動詞ならば「他」と答えなさい。

1. 窓を開ける。　2. メールを送る。　3. 計画が変わる。
4. 試合に負ける。　5. 会員を集める。

②{　　}内の他動詞と自動詞を適当な形にして、〔　　　　〕の中に書きなさい。(『短期集中：初級日本語文法総まとめ』〔スリーエーネットワーク〕改)

1. {乗せる・乗る}

　　わたしは子どもを先にタクシーに〔　　　　　〕て、それから
　　自分が〔　　　　　〕ます。そのほうが安全です。

2. {始める・始まる}

授業は、もう〔　　　　　〕ましたよ。あの先生は、いつも9時前に〔　　　　〕んですよ。

3. {切る・切れる}

このキーを押すとパソコンの電源が〔　　　　〕ます。電源ボタンを押して〔　　　　〕ないでください。

4. {開ける・開く}

人がドアの前に立つと、ドアは自動的に〔　　　　〕ます。手で〔　　　　〕ことはできません。

5. {出す・出る}

ちょっとだけ犬を外に〔　　　　　〕てやりましょう。外に〔　　　　〕たがっていますよ。

4. 「已」・「己」・「巳」の違い

　NHKの大河ドラマ「麒麟がくる」が2月7日（'21）に最終回を迎えました。毎回みていたわけではないのですが、最後の回は見ました。そもそも明智光秀は謀反を起こした天下の裏切り者で、信長を自刃に追いやった後、秀吉に山崎の戦いで敗れ、敗走の途中農民に竹槍で刺し殺されたとされており、あまり大河ドラマの主人公には適さないだろうと思ったのですが、それなりの視聴率だったようです。

　さて、その主役を演じたのが長谷川博己。名前はもちろん「ヒロキ」。ごく一般的な読み方です。この「己」ですが、私の知人に「正己」という人がいて、これは「マサミ」と読みます。「正しい己であれ」という願いを込めて名付けられたと本人に聞いたこと

があります。

　ところが、漢字の「己」は「キ」あるいは「コ」とは読みますが、「ミ」とは読まないはずなのです(ただし、名前の場合は認められているようです)。「ミ」と読ませたいのであれば、本来「巳」でなければいけないはずです。「巳年」の「巳」。「ヘビ」の意です。おそらく巳年生まれでもないのに名前に「巳」の字をつけるのは避けたのでしょうが、「己」は少々気になる用法です(余計なお世話かもしれません)。

　もう一つ紛らわしい漢字が「已」。これは、訓読みですと「すで・に」「や・む」「のみ」と読み、音読みですと「イ」。「已然形」の「イ」です。文語文法では「未然形」・「連用形」・「終止形」・「連体形」・「已然形」・「命令形」と六つの活用形がありますが、その「已然形」。おかしいな「仮定形」はないのか、と思うかもしれませんが、「仮定形」があるのは口語文法です。

　ともあれ、「已」・「己」・「巳」の三つは別字です。この三つの漢字の覚え方ですが、私は「已なかば、己は下につきにけり。巳は皆つきてイ・キ・シとぞ読む」と覚えています。他にも「みは上に、おのれ、つちのと下に付き、すでにやむのみ中程に付く」という覚え方もあるようです。〔第17回〕

5.　「たとえ」と「たとえば」

　皆さんは、次のような一文を読んで何か違和感を覚えないでしょうか(内容ではなく、語法)。

　〈日本側は、例えコロナ禍であっても大会を安心安全に運営

- 60 -

できるとIOC側に伝え、バッハ氏なども日本政府の意向をくんだ発言を繰り返しているとみるべきです。〉

　このような用法を時々目にします。どこがおかしいかと言えば、もちろん「例え」がおかしいのです。この場合の「たとえ」は「仮に、もしそうだとしても」の意ですので、漢字なら「仮令」もしくは「縦令」と記すべきなのです。

　以下『明鏡国語辞典』(大修館書店・第2版)より引用します。

○たとえ【〈仮令〉・〈縦令〉】〔副〕《下に「ても」「とも」「せよ」などを伴って》ある譲歩的条件を仮定し、その条件のもとでも帰結する事柄は変わらないことを表す。立場を譲ってその条件を認めたとしても。かりに。よしんば。たとい。「 ― 殺されても信念は曲げられない」「 ― 冗談にせよ、傷つけるようなことは言うべきでない」「 ― 火の中水の中」。〈注〉「たとい」の転。現在は「たとえ」が一般的。

　他に、名詞の「たとえ」【▼譬え・▽喩え・例え】があります。「例え」は代用表記で、「譬喩」ですから、もともと「譬え」・「喩え」と書いたものを、近年「常用漢字表」にある「例え」と書くようになったようです。それから「例をあげていえば」、あるいは「たとえていえば」の意の「たとえば」〔副詞〕があります。用例をあげてみましょう。〈…純一はお雪さんの顔を見ている。譬えば微かな風が径尺の水盤の上を渡るように、この愛くるしい顔には、絶間なく小さい表情の波が立っている。〉(森鷗外『青年』)

　以上、これら「たとい(え)」(副詞)・「たとえ」(名詞)・「たとえば」(副詞)を、すべて「例」の一字で済ましてしまわないようにし

たいものです。さもなければ、副詞の「たとい（え）」は、せめて平仮名で書くべきだと思います。〔第20回①〕

6. 「吾輩」と「我輩」

　『吾輩は猫である』は、もちろん夏目漱石の作品ですが、時折『我輩は猫である』と表記してあるのを目にすることがあって気にはなっていました。ところが、最近、森鷗外の『ヰタ・セクスアリス』を読み直していたところ、次のような一文に出くわしました。
　〈そのうちに夏目金之助君が小説を書き出した。金井君は非常な興味をもって読んだ。そして技癢を感じた。そうすると夏目君の『我輩は猫である』に対して、『我輩も猫である』というようなものが出る。『我輩は犬である』というようなものが出る。金井君はそれを見て、ついつい嫌になってなんにも書かずにしまった。〉（河出書房「日本文学全集7　森鷗外」）
　森鷗外ともあろう人がこのような誤記をすることもあるのかといささかがっかりしたのですが、念のため、岩波の『漱石全集・第1巻』(1993年版)にあたってみて驚きました。作者の漱石自身「我輩」と書いているのです。労を厭わず数えてみたところ、第1章中、「吾輩」が44回、「我輩」は22回も出てきます。他に「余輩」が1回。ちなみに、この1993年版の全集は、原稿の残っているものはなるべく原稿どおりに活字にするという方針に基づいています。角川書店等の文庫本では「吾輩」に統一されているので気づかなかったのです。
　私は、どちらかといえば、このような表記に敏感な方なのです

が、書いている作者本人がそれほど気にしていないようなのです。気にする方が何だか狭量なように思われます。しかしながら、学校の試験で「我輩」と書けば恐らく誤答(×)として扱われるだろうとは思います。

　ところで、「吾」と「我」の違いを『学研新漢和大辞典』(藤堂明保・編)で調べてみました。

　〈ともに一人称代名詞に当てる。古くは吾はおもに主格と所有格に用い、我はおもに目的格に用いた。ただし「不吾知＝われを知らず」のような代名詞を含む否定文では吾を目的格に用いる〉とあります。

　また、「我」の例文としては「問孝於我＝孝を我に問ふ」(論語・為政)とあります。なお、「吾輩」と「我輩」の意味に大きな違いはないようです。〔第21回〕

7.　「龍之介」と「竜之介」

　前回、夏目漱石の『吾輩は猫である』を取り上げましたが、現寺子屋長の山中さんから現在(2021年7月)「日本経済新聞」に伊集院静が漱石を主人公にした『ミチクサ先生』という連載小説を書いているというご紹介がありました。

　ところで、今回は漱石の弟子の一人である芥川龍之介の名前に関するお話です。芥川は自分の名前が「龍之助」と書かれることをひどく嫌ったと何かで読んだことがあります。「介」を「助」と間違われることを嫌がった神経過敏な芥川は、おそらく「龍之介」を「竜之介」と書かれることも嫌がったのではないかと

推測します。もっとも、中里介山の長編時代小説『大菩薩峠』の主人公は机竜之助というのですが…。

　前回の『吾輩は猫である』を『我輩は猫である』と書いたら試験では誤答とされるというのは、それが作品名であり、固有名詞だからです。人の名前も同じ理屈です。『吾輩は猫である』の第3章に鼻子（もちろん綽名）という婦人が出てきますが、花子や華子ではダメなのです。

　それがどういうわけか、岩波文庫から出版されている芥川の作品集（6冊）はすべて芥川竜之介になっているのです（私が所持している文庫本は2013年発行のものです）。岩波と言えば、数ある出版社の中でも最も権威があるとされているわけですが、これだけは全く理解ができません。それなら森鷗外は森鴎外なのかといえばそうでもありません。一貫性がないのです。

　私事で恐縮ですが、教員をしていた頃、採択していた国語教科書が芥川竜之介と表記されていたので、教科書会社に苦情を言ったことがあります。その時の担当者の説明が、岩波書店がそうしているので、岩波に倣ったということでした。

　その後、別な理由もあって、教科書を別の出版社にかえたのですが、間もなくその教科書会社は芥川龍之介と表記するようになりました。しかしながら、現在にいたるまで岩波は依然として竜之介のままのようです。ちなみに、岩波以外の出版社（新潮社・角川・集英社・文春、等）はすべて龍之介となっています。

　なお、冒頭の「日本経済新聞」の「経済」ですが、異体字というのでしょうか、ちょっと特殊でワードの「記号と特殊文字」にも出

てきません。したがって、私の信念というか方針に甚だ反するのですが、ここは「経済」でご容赦ください。

　ここで思い出しましたが、「読売新聞」も本来は「讀賣新聞」で、しかも横書きになっています。さらに、「讀」の字の「士」の部分が「土」になっており、「賣」も「士」の部分が「十」になっているのが見てとれます。これは、文字というより一種のロゴ（lo-go）とみなした方が良いのかもしれません。〔第22回〕

「日本経済新聞」の
「経済」の文字に注目

THE YOMIURI SHIMBUN

讀賣新聞

同じく「読売」の字に注目

五、漢字の話

1. 「マナ」と「カナ」(真名と仮名)

　「マナ」と「カナ」といっても双子の女優さんの話ではありません。「マナ」は「真名」とか「真字」と書き、「カナ」は「仮名」もしくは「仮字」と書きます。「名」は「字」と同じく「文字」の意です。

　「仮名」の方は、皆さんよくご存じだと思いますが、「仮の文字」があるからには、当然「真の文字」があるわけです。「真の文字」、すなわち「本当の文字」とは何かというと、もちろん「漢字」のことです。

　「漢字」がなぜ「真の文字」かというと、平安時代ぐらいまでは「漢字」こそが公的な文字であったからです。もっと言えば、明治時代においても公文書はだいたい漢文調で書かれていました。つまり、真字(真名)＝漢字＝公的＝男性の用いる文字、というような図式が成り立ちます。現代では、英語を操ることがほぼ教養人であることの必要条件になっていますが、当時の貴族は漢文(中国語)を書いたり読んだりできることが当然とされたのです。一方、仮字(仮名)＝私的＝女性の用いる文字、ということになるでしょう。

　ところが、漢文だけを用いていると、どうしても表現が窮屈になります。その窮屈さを打破する目的もあったのでしょうか。紀貫之が仮名文学の先駆的作品である『土佐日記』(935年頃)を書きました。ご存じのように紀貫之は男性ですが、仮名で書くためには女性である必要がありました。それゆえ、書き出しは

「男もすなる日記というものを、女もしてみむとて、するなり。
…」(角川ソフィア文庫)と女性に仮託した形になっています。

　結果的には、この『土佐日記』が書かれたことにより、『蜻蛉
日記』・『枕草子』・『源氏物語』等の王朝女流文学が開花して
ゆくことになるのです。それにしても、日本語を学ぶ外国人にと
っては、「平仮名」や「片仮名」があって、その上「漢字」を勉強し
なければならないとは気の毒なことではあります。〔第26回〕

2.　「年齢の別称」と「忌み言葉」

(1)「年齢の別称(異称)」

　先日、ある会議の席で「自分は傘寿になった」と話された方が
おりました。すると「『傘寿』とは、何歳のことですか」と、隣に座
っておられた方に尋ねられました。耳で聞いただけではわから
ないかもしれませんが、答えはもちろん「傘」の字にあります。よ
く見ると「八」と「十」の字が隠れていますので、「八十歳」のこと
だということがわかります。

　通常、広く知られているのは、次の『論語』に由来する年齢で
す。(引用は明治書院『新版・新書漢文大系1 論語』による)

〈子 曰、吾 十 有 五 而 志 於 学。三 十 而 立。四 十
而 不 惑。五 十 而 知 天 命。六 十 而 耳 順。七 十
而 従 心 所 欲、不 踰 矩。〉(「為政」)

〈子曰わく、「吾十有五にして学に志す。三十にして立つ。四
十にして惑わず。五十にして天命を知る。六十にして耳従う。
七十にして心の欲する所に従えども、矩を踰えず。」と。〉

この文章から年齢の別称として、15歳を「志学」、30歳を「而立」、40歳を「不惑」、50歳を「知命」、60歳を「耳順」、70歳を「従心」というようになったようです。

【日本語学習者と指導者のための問題Ⅰ】

□次に挙げる年齢は何歳のことでしょうか。
①弱冠(「礼記」)…〔　　　　〕。②桑年…〔　　　　〕。
③還暦…〔　　　　〕。④古稀(杜甫「曲江詩」)…〔　　　　　〕。
⑤喜寿…〔　　　　〕。⑥米寿…〔　　　　　〕。
⑦卒寿…〔　　　　〕。⑧白寿…〔　　　　　〕。
＊ちなみに十歳は「幼学」。「卒寿」の「卒」は、「終わる」の意なのでお祝いとしては不適か。

(2)「忌み言葉」について

　結婚式の披露宴などで、よく「お開きにする」ということばを耳にします。ご存じのように「終わりにする」は、「離婚」を連想するので、代わりに使われる言葉です。「ケーキを切る」の「切る」もNGで、「ケーキにナイフを入れる」に言い換えられます。そのような「終わる」とか「切る」のような言葉を「忌み言葉」と言いますが、ここでは思いつくままに、身近な「忌み言葉」をいくつか挙げてみたいと思います。
○数字の「4(し)」…「死」を連想。→「よん」と読む。
○葦…「悪し」に通じ縁起が悪い。→「よし」に言い換える。
○するめ…「する」は、「(賭事で)摩る」に通じ縁起が悪い。

→ 「あたりめ」に言い換える。

○擂り鉢 … 上記と同じ理由で「あたり鉢」に言い換える。

【日本語学習者と指導者のための問題Ｊ】

□果物の「梨」は何と言い換えられるでしょうか？

→ 〔　　　　　　　〕。

まだまだ、いくらでもありそうです。私は寡聞にして存じ上げませんが、このような「忌み言葉」は、外国にもあるのでしょうか。なんだか、ありそうな気がします。〔第5回〕

3. 「東」は「春」？

最近のじわじわ広がる物価高と円安の傾向に対して、日銀の金融策が気になるところです。日銀と言えば、総裁の黒田東彦氏の任期が残り半年ほどとなった、という記事を新聞等で見かけました。

ところで、総裁の名前の東彦ですが、「東」で「はる」と読ませるようです。今回は、このことについて取り上げます。ご存じの方もおられるかと思いますが、これは中国の「五行説」からきています。古代中国には「木・火・土・金・水」の五つが万物の源で、その運行によって、すべてが生成するという哲学があり、自然現象や人事現象が、五行にあてはめられました。それによると、方位の「東」は季節では「春」に該当するのです。

『源氏物語』など平安文学を読んでいますと、よく皇太子

（「一の御子」・「一の宮」）のことを「春宮」と表記しているのに出会います。もちろん「東宮」と同じです。ちなみに『精選版 日本国語大辞典』（小学館）によれば「東方は四季の春に配し、万物生成の意を含み、また、易で東は震、震は長男とし、宮殿が皇居の東にあったことからいう」との説明があります。

　どうやら、「易」も関係しているようです。参考までに、次に方位・季節・色などを五行に当てはめた例を挙げておきます。

○五行 … 　木　　　火　　　土　　　　金　　　水
○方位 … 　東　　　南　　中央　　　　西　　　北
○季節 … 　春　　　夏　　　　　　　　秋　　　冬
○ 色 … 　青　　赤（朱）黄　　　　　白　　黒（玄）
○四神 … 　青竜　朱雀　　　　　　白虎　　玄武

　ついでに申し添えると、北原白秋の「白秋」や、「青春」などの語もここからきているようです。〔第37回②〕

4.「異体字」について

　普段使っていた施設「東浅川健康福祉センター」が改装中で利用できなくなり、代わりに「浅川市民センター」に教室が移って数ヶ月になります。私はたいていJRを使い、駅から徒歩で行くのですが、高尾駅の北口を降りて左折、国道20号線（旧甲州街道）を西に向かってしばらく行くと、右手に10メートルほどの間隔をおいて和菓子屋が2軒続きます。その1軒目の和菓子屋の屋号が「萬盛堂」というのですが、その「堂」の字（次ページ参照）が一風変わっていて、中のつくりが「吐」になっているので

す。「堂」は、もちろん「うかんむり」ではありませんし、「なおがしら」でもなく「つち」もしくは「つちへん」になります。

ところで、いったい中のつくりが「吐」になっている字などあるのだろうかということになるのですが、実はあるのです。これは、「異体字（いたいじ）」と呼ばれる漢字です。私には何やら「痛（いた）い字」に見えなくもないのですが、『ブリタニカ国際大百科事典』では、以下のように説明しています。

〈同一の形態素（けいたいそ）を表わす「漢字」同士，同一の音節（おんせつ）を表わす「かな」同士をさすが、特（とく）に本来の「正体」「正字」や用法上最（もっと）も一般的となっているものに対していうことが多い。漢字の例では「群」〜「羣」、「疊」〜「疉」、「野」〜「埜」など多数。（中略）これらの異体字は1900年の小学校令施行規則（しこうきそく）で統一されてから減（へ）り、いまでは実用には用いられなくなった。片仮名（かたかな）における異体字も，時代をさかのぼるほど多かった。〉

上記以外に、思いつくままに列挙（れっきょ）してみると、「略」＝「畧」、「島」＝「嶋」＝「嵨」、「桑」＝「桒」、「高」＝「髙」、「桜」＝「櫻」、「国」＝「國」＝「囶」、「辺」＝「邊」＝「邉」、「秋」＝「穐」など多数あることがわかります。そういえば「風月堂（ふうげつどう）」も銀座（ぎんざ）にあるのは「風」ではなく、確か「凬」の字で「凬月堂」です。〔第43回〕

※追記：文中の、「萬盛堂（まんせいどう）」ですが、「にほんごの会」の会員の方（かた）や学習者が時々利用（りよう）しており、私も団子（だんご）と最中（もなか）を購入（こうにゅう）したことがあります。女将（おかみ）さんと話もしましたが、明治末期の創業（そうぎょう）で10

0年以上経つ老舗だそうです。イートイン可能でサービスも良いし、味も良いということで、どうやら評判のお店のようです。屋号の漢字については、看板屋の職人さんに勧められてそうしたとのことでした。

5. 「異体字」について(続)

　前回、「異体字」について取り上げましたが、「旧字」と併せてもう少し補足させていただきます。以下、『角川新字源』(改訂新版)の解説を参考にします。

(1)まず、旧字ですが、『常用漢字表』に採用されている、『康熙字典』とは異なる一部の字体に対し、『康熙字典』を中心とした旧来の字体をいいます。

(2)異体字とは、親字と同音同義に用いられる漢字をいい、親字との関係は、原則として、次のア〜オのような分類基準によります。なお、親字というのは、見出し字のことで、『角川新字源』では原則として『康熙字典』所収の字体を正字としています。なお、『康熙字典』は、三省堂『大辞林』(第4版)によると、次の通りです。

　〈【康熙字典】字書。12集42巻。康熙帝の勅命により、張玉書・陳廷敬らが編纂。1716年刊。「説文」「玉篇」「正字通」など歴代の字書を集大成し、約4万7千の漢字を214の部首に分けて部首画数順に配列する。以後の辞書の漢字配列の規準となった〉。

○分類基準

ア、本字…漢字の成り立ちから、正当な字形とすべきもので、お
おむね、『説文解字』所収の篆文を楷書体としたものです。

イ、古字…『説文解字』所収の古文・籀文などを楷書体としたも
のです。

ウ、別体…別体字の略で、従来、いわゆる「惑体」とされていた
もの。また、別の系統で成立した、親字と同音同義のものをい
います。

エ、俗字…本字などの字体が長期の使用の間に省略され、ま
た、崩れた形で流布し定着したものをいいます。

オ、誤字…部分的に通用しているが、本来誤った字体であっ
て、その使用の望ましくないもの。「譌字」(「譌」は「訛」の本字)
ともいいます。

　下に『角川新字源』(改訂新版)による「両」の誤字の例を挙げ
ておきます。図1参照。

　また、図2と3は、『異体字解読辞典』(柏書房)による異体字の
例です。

図１　　　　　　　　図２　　　　　　　　図３

- 73 -

このようにしてみると、漢字というのは 夥 しい数になってしまいます。それを覚えるのが大変だと思うか、あるいは偏と 旁 が回転移動する異体字があったりして、案外フレキシブルで許容範囲が広いと思うか 難 しいところだと思います。それにしても、「出」の字が「山」と「々」の組合わせだったり、ほとんどクイズです。

　以前教えていた学習者のリーさん（ベトナム出身）に漢字を教え始めた頃、親切心から、止め・撥ね・書き順について、ややくどくどと説明したところ、「これは、ただの絵です」と反論されました。どうやら、「漢字や文字は、単に記号に過ぎないのだから、わかればよいではないか」と言いたかったのだと思います。外国の方に漢字を教えるときは、漢字嫌いにさせないためにも、あまり神経質にならない方がよいと思います。親切の押し付けはありがた迷惑なだけです。時間が経てば、書き順に 従 った方が、早くきれいに書けることが自然に理解されることでしょう。

〔第44回①〕

6. 「共通テスト」より漢字の問題

　先月の1月14・15日、「令和5年度大学 入 学共通テスト」が実施されました。「センター試験」から同テストに変わって3年目になります。国語の問題については、以前は一通り目を通したものですが、長年悪書を読みすぎたせいか近年視力が 衰 えてきているので、最近は細かい字を長時間読み続けることが 難 しくなりました。そこで、今年は一部分だけ解答してみました。

ということで、今回は「共通テスト」の最も基本的な漢字の問題を取り上げます(実際の問題は縦書き)。

問1　次の(ⅰ)(ⅱ)の問いに答えよ。
　(ⅰ)　略
　(ⅱ)　傍線部(イ)・(ウ)と同じ意味を持つものを、次の各群の①〜④のうちから、それぞれ一つずつ選べ。解答番号は④・⑤。

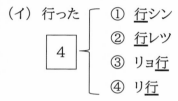

(イ)　行った
　　　　4
　　　① 行シン
　　　② 行レツ
　　　③ リョ行
　　　④ リ行

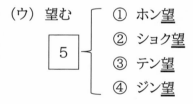

(ウ)　望む
　　　　5
　　　① ホン望
　　　② ショク望
　　　③ テン望
　　　④ ジン望

　受験生の中には、ろくに本文を読まないで解答する人が時々いますが、そのような人は(イ)は③、(ウ)は①もしくは②と解答してしまうでしょう(答えが二つになってしまうので、普通ここで気づくはず)。ところが、本文をよく読むと、「行った」は「い・った」ではなく「おこな・った」と読むことがわかります。同様に、(ウ)は「希望する」の意ではなく、本文の直前にも書かれているように「(遠くにあるものを)眺める」の意で用いられていること

がわかります。したがって、（イ）の答えは④、（ウ）の答えは③ということになります。せめて全文を読まないまでも傍線部の前後くらいは確認すべきでしょう。ちなみに、問題の文章は、次のとおりです。

〈…前略…ル・コルビュジエは、ブエノス・アイレスで（イ）行った講演のなかで、「建築の歴史を窓の各時代の推移で示してみよう」といい、また窓によって「建築の性格が決定されてきたのです」と述べている。…中略…四方八方に蔓延する景色というものは圧倒的で、焦点をかき、長い間にはかえって退屈なものになってしまう。このような状況では、もはや"私たち"は風景を"眺める"ことができないのではなかろうか。景色を（ウ）望むには、むしろそれを限定しなければならない。…後略…〉（柏木博『視覚の生命力──イメージの復権』による）

「行った」については、文法の項で改めて取り上げますが、個人的には「行った」と区別するために、「行なった」と「な」を入れて表記した方がいいと思っています。

なお、どうして「いった」と「おこなった」が同じ「行った」という表記になるのかということですが、「行く」という動詞の活用の種類は、「（カ行）五段活用」（か・こ／き・っ／く／く／け／け）となり、〈「1グループ」または「フォームⅠ」〉に分類されます。そして、「行う」もやはり「（ワア行）五段活用」（わ・お／い・っ／う／う／え／え）で、同じく〈「1グループ」または「フォームⅠ」〉の動詞になるからです。なお、「行く」は、「い」が変化しない部分で「語幹」。「く」が変化する部分で「活用語尾」といいます。

一方、「行う」は、「おこな」までが「語幹」で「う」が「活用語尾」になります。つまり、変わらない「語幹」の部分を漢字で表記すると、「行く」と「行う」の連用形（促音便）はどうしても同じになってしまうのです。「行くの」連用形を「行きて」、「行う」の連用形を「行いて」と音便を用いずに表記すれば区別はできます。

　ところで、「日本語能力試験」のN1のレベルですが、おそらく「共通テスト」よりは、やや易しいといったところでしょうか。N1に合格すれば、国語の現代文に関する限り、日本の少なくとも中堅大学には合格できるでしょう。

　「共通テスト」の前の「センター試験」についてですが、過去に出題した作品からは二度出題しないということでしたので、現代文はともかく古典に関しては、いずれ出題する作品はなくなるだろうとは思っていました。

　特に『とりかへばや物語』が出題された頃から、そんな気がしていました。ちなみに、『とりかへばや物語』は、題名からも見当がつくように、男を女として、そして女を男として育てたことから生ずる倒錯した男女関係を描いた平安末期の物語文学です。高校生が読むにはいかがなものかと思います。もっとも、私は読みました。(笑)〔第41回〕

六、慣用句・重言・比喩表現

1. 「慣用句」について

　2月（2022年）に入って早々、石原慎太郎の訃報に接しました。石原慎太郎については説明するまでもなく、皆さんよくご存じだと思いますが、1955（昭和30）年度下半期に第34回芥川賞を受賞しています。その受賞作である『太陽の季節』の終わりの部分に主人公が「チェ、どじをしやがって」と、呟く場面があります。それに対して「どじは踏むものであって、するものではありません」と横やりを入れたのは、たしか福田恆存（評論家・翻訳家・劇作家・演出家）だったと記憶しています。

　「病を得る」とは言いますが、「病をする」とは普通言いません。このように「病を得る」とか「どじを踏む」のように「二つ以上の語が固定的に結びついて独自の意味をあらわすもの」（『新選国語辞典』小学館・第9版）を「慣用句」と言います。イデオム、成句と言ったりもします。慣用句に関しては、日本語を学ぶ外国人向けのテキストにも大抵扱われていますので、今更言うまでもないかもしれませんが、思いつくままに、もう少し例を挙げると「骨が折れる」、「汚名を雪ぐ」、「的を射た」、「当を得た」等々、たくさんあります。

　石原慎太郎は、女性や弱者に対する数々の失言・暴言でもその都度物議をかもしていましたが、どうも作家であるわりには言葉に対する感覚に何か欠けているものがあるような気がしていました。優れた文学作品というものは、人々に感動とともに

生きる勇気や希望を与えるものでなくてはならないと個人的には思っていますが、『太陽の季節』にはそのようなものは感じられません。当時芥川賞の選考委員だった佐藤春夫も「作者の美的節度の欠如」などと評して否定的でした。

　このように『太陽の季節』には、すでに若い頃から作者の言葉に対する一種の無神経さ、rough さの兆候が見てとれます。自戒の意味もあるのですが、私自身も結構失言がありますし、故人を貶めるつもりは毛頭ありませんが、作家として、政治家として言葉遣いにもう少し慎重さや気遣いがあったなら、評価はもっと違ったものになっていたのではないかと思います。

　作家の竹西寛子は「言葉とおざなりにしか繋がっていない日常生活は、物の考え方、物の感じ方のいい加減さと繋がって不安です。言葉遣いに迷いと選択を。迷いも選択も徒労とは思いません。迷いも選択もないところに、どうして表現があるでしょう」(『国語の時間』河出文庫)と述べています。肝に銘じたいと思います。〔第29回〕

【日本語学習者と指導者のための問題Ｋ】

　□上記の文章に「慣用句」はいくつ用いられているでしょうか(但し、重複は除きます)。

2.　「重言」と「同族目的語」について

(1)子どもの頃、「いにしえの昔の武士の侍が、馬から落ちて落馬して…」(かなり長く続くのですが、後は忘れてしまいまし

た)という言葉遊びをしたことがあります。もちろん、「いにしえ」は「昔」のことであり、「武士」と「侍」、「馬から落ちる」と「落馬」も同じ意味です。このように、同じ意味の語を重ねて用いる言い方を「重言（じゅうげん/じゅうごん）」と言います。他に「二重表現」とか「重複表現」とも言うようです。

　この重言の多くは誤用とされるようですが、話し言葉では時に聞き手に印象を強めたり、理解を深めてもらうために用いることもあるようです。ただし、書き言葉ではできるだけ避けたいものです。

　ちなみに、手元の辞書をいくつか引いてみると、次のような例が出てきました。

○広辞苑…「豌豆豆」・「電車に乗車する」。

○明鏡国語辞典…「大豆豆」・「半紙がみ」・「後の後悔」・「電車に乗車する」・「馬から落馬する」。

○新明解国語辞典…「うしろへバックする」・「これだけだけ」・「被害をこうむる」・「石を投石する」。

○新選国語辞典…「後で後悔する」・「電球の球」。

○岩波国語辞典…「ひにち」・「むやみやたら」・「電車に乗車する」。

　たまに、居酒屋などで「とりあえず、ワンビア一本」などと言ったりする人がいます（私のことです）が、これも重言でしょう。「そこにおいておいてください」とか、最近よく耳にする「ほぼほぼ」なども同じです。

　上の辞書の例で、新明解の「これだけだけ」というのは、初め

て知りました。あまり聞いたことがありませんが、使う人が本当にいるのでしょうか。「被害をこうむる」とか「犯罪を犯す」などはつい言ってしまいそうです。

　以前、この「ミニ講座」を作成中、「違和感を感じました」とパソコンのキーを打ち込んだところ、Word に注意を促す緑色の下線が入ったので、慌てて「違和感を覚えました」と打ち直したことがあります。

　こうしてキーを叩いていても「電車に乗車する」や「馬から落馬する」には緑の波線が入ります。思うに Word など、外国のソフトは勝手に行が変わったり、番号がついたりしてお節介なところがありますが、このように便利で有難い面もあります。

　また、昔頂戴した年賀状に「一月一日元旦」と書いてあるのがありましたが、「元旦」というのは、元日の朝のことですので、「一月一日」に決まっています。あるいは、暑中見舞いに「どうぞ、お身体をご自愛ください」と添えてあるのも見かけました。

　これも「自愛」にすでに「身体を大切にする」という意味が込められていますので、「どうぞ、ご自愛ください」でこと足りると言えます。このように重言はかなり多いように思われます。

　あまり、こまごまとこういうことを指摘すると重箱の隅をつつくようで嫌われそうですが、外国人に日本語を教えるからには、誤用は誤用として、ある程度は認識しておいた方がよさそうな気がします。

（2）なお、「重言」とちょっと違うかもしれませんが、英語に「同族

目的語」というのがあります。

　例えば、He died a happy death.（彼は幸福な死を死んだ／死を遂げた）。ここで、death は died の同族目的語になります。

　他にも、歌を歌う（sing a song）。踊りを踊る（dance a dance）。眠りを眠る（sleep a sleep）。夢を夢見る（dream a dream）。笑いを笑う（laugh a laugh）。生を生きる（live a life）、など。

　この用法はそれほど多くはないようです（10ほど）。具体的には、カーペンターズの「Sing」という歌の歌詞（おっと、これも重言か）に「Sing, sing a song …」とありますし、映画「レ・ミゼラブル」の中の「夢やぶれて」では、ファンティーヌを演じたアン・ハサウェイが、「I dreamed a dream in times gone by」と歌っています。

　ただ、どうやら、この同族目的語を用いた言い方は、日本の重言とは違って、詩的・文学的な文章に使われることが多いようです。私は英語が得意ではないのですが、地方の高校時代、上智大出身の英語教師M先生の授業が楽しくて、仮定法とともに印象に残っています。〔第30回〕

3. 「比喩」表現について

　ご存じの方もおられると思いますが、会員の中田さんのご子息が、『彷徨―フランツ・シューベルトの生涯―』（中田朋樹著・鳥影社）という本を昨年出版されて、1年ほど経ちます。この本の帯

には、文芸評論家の伊藤氏貴氏による推薦文が書かれ、『レコード芸術』2月号には、「注目の音楽書」というコラムで堀朋平氏（音楽美学）が絶賛しています。また、最近では「毎日新聞」の北陸版で、大きくインタビュー記事が掲載されました。

　膨大な資料を読みこみ、咀嚼し、豊かな想像力と表現力とをもって、シューベルトの31年の短命だった生涯をみごとに描ききっていますが、今回のご子息の作品は、紛れもない力作・大作で、今まで日本にはなかった「音楽小説」ともいうべきジャンルを新たに切り拓いたようにも思います。読んでまず引き込まれたのは、活き活きとした比喩の多用による風景描写です。

　今回は、その比喩について取り上げてみたいと思います。まず、冒頭の9ページから。

(1)夏には砂糖大根の緑の葉で覆われる肥沃な大平原も今は一面雪に覆われ、①身じろぎもせずに横たわっていた。

(2)②黒い帯のようなドナウ河は、降りしきる雪を次々に③飲み込みながら音もなく流れていた。

(3)大平原のほぼ中央を悠々と東行するそれ（ドナウ河）は、まるで雪に覆われた大地を這っていく④一匹の巨大な黒蛇のようにも見えた。

(4)ドナウ河は川幅が少しく狭められたことに⑤不満を持ち、⑥ざわざわと音を立てはじめた。

　上記の①〜⑥が比喩表現です。もう少し説明すると、①・③・⑤は「擬人法」、②・④が「直喩法」、⑥は「声喩法」ということになります。

それでは、次に「比喩(譬喩)」の種類について整理してみましょう。

〈比喩の種類〉

(1)直喩(明喩)法

「〜のように(な)」・「〜のごとき」等の表現を用いる技法。「まるで」・「あたかも」などの語を伴うことがある。

〔例〕○彼はオオカミのように残忍な男だ。
　　　○野菊の如き君なりき。(「野菊の墓」(伊藤左千夫)の映画名)
　　　○汗が滝のように流れる。　○雪のような白い肌。

(2)隠喩(暗喩)法

「〜のように(な)」を使わない。メタファー(metaphor)ともいい、喩えであることを明示しない技法。

〔例〕○男はみんなオオカミだ。
　　　○滝の汗。　　○雪の肌。

(3)擬人(活喩)法

人でないものを人のように表現する技法。

〔例〕○花笑い、鳥歌う。　　○山が呼ぶ。

(4)擬物法

「擬人法」とは反対に、人の特性を物になぞらえて表現する技法。

〔例〕○一個の人間は一冊の本なのだ。(「世界は一冊の本」長田弘の詩)
　　　○俺は河原の枯れすすき。(「船頭小唄」作詞：野口雨情)

(5)堤喩法

代表的、特徴的な一部を示して全体を表そうとする技法。

〔例〕○雨やみをする<u>市女傘</u>や<u>揉烏帽子</u>が、もう二三人はありそうなものである。(「<u>羅生門</u>」芥川龍之介)

　　　○彼女は八王子<u>小町</u>と言われている。(「小町」は美人の提喩)

(6)換喩法

　　言い表そうとする事物を、それと関係の深いもので表現する技法。

〔例〕○金バッチ(「国会議員」を表す)。

　　　○漱石や鷗外を読む。(作品を作者で表す)

(7)風諭(寓喩)法

　　諺やたとえ話などを用いる。隠喩の連続による技法。

〔例〕○立つ鳥跡を濁さず。　　○時は金なり。

(8)声喩法

　　実際の音や声をまねて言葉とした語。「さらさら」・「ざあざあ」・「わんわん」などの擬音語(オノマトペ onomatopée)や擬声語を用いる技法。広義には擬態語も含む。

〔例〕○雨が<u>しとしと</u>と降り続ける梅雨時。

※追記:なお、読者・会員の皆様には、前掲書『彷徨』の一読を、是非お薦めします。〔第45回〕

【日本語学習者と指導者のための問題L】

　□次の文の傍線部①〜⑤の「比喩」の種類は何か。

　○浅い谷間を①<u>ざわざわ</u>と流れ下っていたトラウン川が

突如としてその幅を何十倍にも②広げ、③鏡のように静かな湖面に変貌する驚き。(略)そして開けた空の下に④横たわる対岸の緑の丘陵の美しさ……。川の流出口のちょうど真上にある橋を渡り、市門をくぐってグムンデンの町に入ると、湖は少しく⑤表情を変える。(前掲書p.754)

『彷徨—フランツ・シューベルトの生涯—』
　　中田朋樹著(鳥影社)

七、日本語学習者用の文法と学校文法

1. 「日本語」は難しい言語であるか？

　一般に、日本語は、複雑で外国人には難しい、と思われているのではないでしょうか。それに対して、長年日本で過ごしてきた外国人作家のロジャー・パルバース（Roger Pulvers）さんが、その著『驚くべき日本語』（集英社文庫2020年刊）の中で、次のように述べています。ちなみに、ロジャー・パルバースさんは、映画「戦場のメリークリスマス」（1982年）で助監督を務めた方でもあります。

　「ほんとうのところ、日本語は非日本人にとって、話すだけならとてもやさしい言語です」

　「日本語の動詞の規則は、多かれ少なかれ、だいたいの型が決まっていて、非常に単純だと言えるでしょう。しかも、『食べる』という動詞であれば、『食べない』『食べられない』『食べたい』『食べにくい』」など、その語尾を変えるだけで、いろいろな意味に使うことができます。／同様に、動詞の語尾を変化させるだけで、『食べやすい』『食べにくい』などのように、簡単に形容詞を作り出すことができ、さらにそれを、『食べやすくない』『食べにくくない』など、否定の意味の形容詞にすることもできます。／動詞の過去形も、『食べた』『食べたかった』『食べられた』など、基本的に最後に『た』をつければいいだけです。英語はもちろん、ロシア語のようなヨーロッパ語の言語の多くに見られる、きわめて複雑な語尾変化などまったくありません。／ああ、

日本語の動詞は、他の言語にくらべ、なんと簡単で便利な変化なのでしょう！」

　さらに、続けて具体例を挙げて「時制」や「仮定法」も、少しも難しいものではないとしています。そして、日本語は「語彙が少なくてもニュアンスに富んだ表現ができる」とも書いています。「オノマトペ」についても「柔軟性と表現の豊かさを生み出す」と述べており、日本語は、「世界にもまれな言語」だと断じているのです。

　ただ、私見ですが、「食べる」という動詞について言えば、「召し上がる」「いただく」という敬語の問題がありますし、筆者のロジャーさんも「話すだけなら」と前置きしているように、読み書きに必要な漢字を覚える複雑さを除けば、という条件がつくと思います。

　私の現在の学習者（ネパール出身）も、日本語を聞いたり話したりするのは、日常生活にほとんど支障がありませんが、漢字が苦手で自称小3程度です。漢字について言えば、『漢字が日本語をほろぼす』（角川SS新書・田中克彦著）という本が参考になるでしょう。一方、『漢字を楽しむ』（講談社現代新書・阿辻哲次著）という本も併せて紹介しておきます。〔第44回②〕

2. 「品詞の種類」と「助詞」

　ここで、「品詞の種類」と「助詞」について、簡単におさらいしておきたいと思います。

(1)品詞の種類(10種類)

○自立語(8種) → 動詞・形容詞(イ形容詞)・形容動詞(ナ形容詞)・名詞・副詞・連体詞・接続詞・感動詞

○付属語(2種) → 助動詞〔例:「れる／られる」…活用する〕・助詞〔例:「が／の／を」…活用しない〕

(2)助詞の分類 → 格助詞・接続助詞・副助詞・終助詞(＊文語文法では係助詞・間投助詞が加わる)

○格助詞 → おもに体言(名詞)について文節と文節の関係を示す。〔が・の・を・に・へ・と・より・から・で・や〕

○接続助詞 → 用言や助動詞などについて意味をあとに続ける。〔ば・と・ても・ので・から・て・けれど・が・ながら〕など

○副助詞 → いろいろな語について、さまざまな意味をそえる。〔は・も・こそ・さえ・でも・ばかり・など・か〕など

○終助詞 → 文末などについて、話し手の意志や気持ちを表す。〔か・ね・よ・ぞ・とも・や〕など〔第40回・改〕

【日本語学習者と指導者のための問題M】

□次の各文の(　)の中に、適当な語を例にならって書き入れなさい。(『みんなの日本語・初級Ⅱ』復習H p.42)

例:わたしは旅行(に)行きません。

1.8時の 電車(　)遅れて しまいました。

2.書き方が わからないんです(　)、教えて いただけませんか。

3. バスの 時間(　)間に 合いませんでした。

4. 窓から 山(　)見えます。

5. ひらがな(　)書けますが、漢字(　)書けません。

6. 近くに スーパー(　)できました。

7. マリアさんは フランス語(　)話せます。

8. デザイン(　)いいし、値段(　)安いし、この テーブル
を 買います。

3. 日本語学習者に「文法」をどう教えるか

　日本語を外国の方に教える<ruby>方<rt>かた</rt></ruby>になってから<ruby>間<rt>ま</rt></ruby>もなくして、「文法」が学校文法と違うことに気づきました。まず、<ruby>動詞<rt>どうし</rt></ruby>の<ruby>活用<rt>かつよう</rt></ruby>の<ruby>種類<rt>しゅるい</rt></ruby>が3種類であること、それから、「形容詞」を「イ<ruby>形容<rt>けいよう</rt></ruby>詞」といい、「<ruby>形容動詞<rt>けいようどうし</rt></ruby>」を「ナ形容詞」ということ、動詞の終止形を「<ruby>辞書形<rt>じしょけい</rt></ruby>」ということ、等。初めて<ruby>担当<rt>たんとう</rt></ruby>した学習者であるリーさんに<ruby>指摘<rt>してき</rt></ruby>され<ruby>慌<rt>あわ</rt></ruby>てました。<ruby>全<rt>まった</rt></ruby>くの<ruby>準備<rt>じゅんび</rt></ruby><ruby>不足<rt>ぶそく</rt></ruby>でした。

　そこで、今回は「動詞の活用の<ruby>種類<rt>かつよう しゅるい</rt></ruby>」等について、説明してみたいと思います。「動詞の種類」と言わず、わざわざ「動詞の活用の種類」と言うのは、単に「動詞の種類」と言った<ruby>場合<rt>ばあい</rt></ruby>には「<ruby>自動詞<rt>じどうし</rt></ruby>」・「<ruby>他動詞<rt>たどうし</rt></ruby>」・「<ruby>可能動詞<rt>かのうどうし</rt></ruby>」・「<ruby>補助動詞<rt>ほじょどうし</rt></ruby>」などの<ruby>区別<rt>くべつ</rt></ruby>を<ruby>指<rt>さ</rt></ruby>すからです。

(1)「動詞の活用の種類」について

　まず、「動詞の活用の種類」ですが、学校文法(<ruby>口語<rt>こうご</rt></ruby>文法)では、次の5種類があります。

①五段活用・②上一段活用・③下一段活用・④カ行変格活用・⑤サ行変格活用。

　ちなみに、「五段」とか「上一段」・「下一段」というのは、ａｉｕｅｏの全段に活用するのが五段。あとは、「u」を真ん中にして、それよりすぐ上にあり一段だけに活用するのが「上一段」、「u」のすぐ下にあって一段だけに活用するのが「下一段」です。

　この5種類が、外国人向けの教材(テキスト)では、次の3種類に整理されています。教材によって、「フォーム」と言ったり、「グループ」または「類」と呼んだりしていますが、3種類であることに変わりません。

①1グループ(フォームⅠ)・②2グループ(フォームⅡ)・③3グループ(フォームⅢ)。

　「1グループ(フォームⅠ)」には、口語文法の「五段活用」が該当し、「2グループ(フォームⅡ)」には、口語文法の「上一段活用」と「下一段活用」が該当します。そして、「3グループ(フォームⅢ)」には、口語文法の「カ行変格活用」と「サ行変格活用」が該当します。

(2)続いて、「動詞の活用の種類」の見分け方です。

　大抵の「国語辞典」には、調べた動詞のすぐ下に〔他五〕のように、動詞の種類が明記されています(〔他五〕の「他」は「他動詞」の略で、「五」は「五段活用」の略)が、次に示すとおり、辞書を引かなくても見分ける方法があるのです。

　その方法ですが、まずある動詞に対して、「カ変」か「サ変」ではないかと考えます(「カ変」と「サ変」は、いわば英語で言えば

「不規則動詞」ですので、面倒でも覚えてしまうほかはありません）。「カ変」・「サ変」であるならば、「3グループ（フォームⅢ）」ということになります。次に打消の「ない」（文語なら「ず」）をつけて、a（ア）段の音になれば、「五段活用」ということで、「1グループ（フォームⅠ）」ということになります。

　例えば、「書く」という動詞に「ない」をつけると、「kakaない」となりますので、a 段です。これが、i（イ）段の音につけば「上一段活用」となり、「2グループ（フォームⅡ）」の動詞ということになります。また、例えば、「起きる」という動詞に「ない」をつけると、「okiない」となり、i（イ）段です。さらに e（エ）段の音につけば、「下一段活用」ですので、やはり「2グループ（フォームⅡ）」の動詞ということになるのです。さらに、例えば、「消える」という動詞に「ない」をつけると、「kieない」ですから e（エ）段です。

①1グループ（フォームⅠ）〔五段活用〕 → a・i・u・e・o
〔例〕書く…「（未然形）か ka/こ ko｜（連用形）き ki/い i｜（終止形）く ku｜（連体形）く ku｜（仮定形）け ke｜（命令形）け ke」

②2グループ（フォームⅡ）〔上一段活用・下一段活用〕
［上一］ → a・ⅰ・u・e・o
〔例〕起きる…「（未然形）き ki｜（連用形）き ki｜（終止形）き・る ki・ru｜（連体形）き・る ki・ru｜（仮定形）き・れ ki・re｜（命令形）き・ろ ki・ro/き・よ ki・yo」

［下一］ → a・i・u・ⅇ・o
〔例〕消える…「（未然形）え e｜（連用形）え e｜（終止形）え・る

e・ru｜（連体形）え・る e・ru｜（仮定形）え・れ e・re｜
（命令形）え・ろ e・ro/え・よ e・yo」

③3グループ（フォームⅢ）〔カ行変格活用・サ行変格活用〕

〔例〕来る…「（未然形）こ｜（連用形）き｜（終止形）くる｜（連体形）くる｜（仮定形）くれ｜（命令形）こい/こよ」

〔例〕する…「（未然形）し/せ/さ｜（連用形）し｜（終止形）する｜（連体形）する｜（仮定形）すれ｜（命令形）しろ/せよ」

(3)紛らわしい動詞

　次の動詞は、振り仮名がなければ全く同じ表記ですので、前後の文脈から読み方を判断するほかはありません。

〇「来る」と「来る」。

〇「行って」と「行って」。（これについては「大学入学共通テスト」の項（本書p.74）でも説明しました。

【日本語学習者と指導者のための問題Ｎ】

①次の「来」はどう読みますか。〔　　〕内に読み方を書きなさい。

①春来〔　　　〕ぬ。　②春来〔　　　〕む。　③春来〔　　　〕り。　④春来〔　　　〕よ。　⑤春来〔　　　〕ず。

②次の①〜⑤の「動詞の活用の種類」〔グループ（フォーム）〕は何ですか。

①行う　②行く　③読む　④読める　⑤死す

〈「死ぬ」と「死す」の違いについて〉

○死ぬ　→　ナ行五段活用〔1グループ（フォームⅠ）〕

○死す　→　サ行変格活用〔3グループ（フォームⅢ）〕（「死」＋「す（する）」の形）

〔例〕・板垣死すとも自由は死せず。

＊他に「感ず」・「信ず」などもサ変動詞です。これらから、ある程度は文語文法の知識も必要かと思います。

○（口語）サ変　→　不規則動詞

・「する」…「（未然形）し/せ/さ｜（連用形）し｜（終止形）する｜（連体形）する｜（仮定形）すれ｜（命令形）しろ/せよ」

＊この動詞（「する」）は、語幹と語尾が区別できません。これには「勉強する」など、「○○する」も含まれます。

○（文語）サ変　→　不規則動詞

・「す」…「（未然形）せ｜（連用形）し｜（終止形）す｜（連体形）する｜（已然形）すれ｜（命令形）せよ」

〈まとめ〉「動詞の活用の種類」の見分け方

○ある動詞　→　まず、「カ変」・「サ変」ではないかと考える。

①「カ変」・「サ変」ならば　→　3グループ（フォームⅢ）

　次に、ある動詞に「ない」をつけて、

②ア段の音につけば　→　五段活用〔1グループ（フォームⅠ）〕

③イ段の音につけば　→　上一段動詞〔2グループ（フォームⅡ）〕

④エ段の音につけば　→　下一段動詞〔2グループ（フォームⅡ）〕〔第35回〕

4. 「可能」表現について

先日、教室で次の①と②ではどう違いますか、という質問を受けました。(『みんなの日本語・初級Ⅱ』第27課 p.10の文型1より)

i ①わたしは　日本語が　(少し)話せます。

②わたしは　日本語を　(少し)話すことができます。

ii ①英字新聞が　読めますか？

②英字新聞を　読むことができますか？

私の「回答」は、次の通りです。

どちらも同じ意味で違いはないと思います。ただ、実際には日常会話で②のような言い方はあまりしません。考えてみるに、iの②は I can speak Japanese (a little). iiの②は Can you read an English newspaper？ という英語での表現を、日本語の翻訳調に言ったもののように思います。

「わたしはピアノを弾くことができます」(I can play the piano.)も同じです。「わたしはピアノが弾けます」の方が一般的ではないでしょうか。

また、「この花は美しい。」(This flower is beautiful.)を「この花は美しいです」と言ったりしますが、通常形容詞に「です」は不要ですので、やはり英文翻訳調と言ってよいと思います。Be動詞「is」を何が何でも「～である」・「～です」と訳そうとした結果のような気がします。〔第1回〕

5. 形容詞＋「です」について

前回「通常形容詞に『です』は不要です」と述べましたが、そ

の後、『問題な日本語』(大修館書店)という本を読んでいましたら、どうやら口語(口頭語)では、かなり古くからあるということがわかりました。以下、やや長くなりますが引用します。

〈たとえば、漱石も芥川も、「……私はあの方の前へ出ると、何だか気が落ち付かなくって変に苦しいです」(漱石)。「日本の女の方も美しいです。殊にあなたなぞは——」(芥川)などと使っています。しかしこれらは、あくまでも会話文中に現れる、口頭語的な表現で、地の文にはまず使われることがありません。つまり、形容詞＋「です」には、昔から文章語としてはどことなく落ち着かない感じがあって、何となく適格性を欠く表現だと意識されていたようでした。国語審議会でも昭和27年発表の「これからの敬語」で、次のように言っています。《これまで久しく問題となっていた形容詞の結び方——たとえば「大きいです」「小さいです」などは、平明・簡素な言い方として認めてよい。》

国語審議会の「お墨つき」を得たとはいえ、この、形容詞＋「です」は、その日を境にして大手を振って歩き始めたわけではありません。口頭語では問題がないとしても、文章語としては、どこか気になる言い方として、その後も存在し続けてきました。確かに、日常語である「美しい」や「うれしい」に「です」がついた「美しい[うれしい]です」は、平明・簡素で、かつ、かなり一般的な言い方だと思われますが、ちょっと古風な語感をもつ「かたじけない」や「つつがない」に「です」がついた、「かたじけない[つつがない]です」などは、どこか落ち着かない感じがして、使

いにくいと考える人も多いのではないでしょうか。「冷たいビールが飲みたいです」（形容詞型活用の助動詞「たい」＋「です」）なども、これを会話としてではなく、地の文中で説明などとして使うときも同様ではないかと思われます。ちょっと硬い、大人の表現をしたいときは、形容詞＋「です」は避けられてきたというのが実情でしょう。〉（『問題な日本語』北原保雄編 p.47-49）

　要するに、口語（口頭語）では、問題ないとは言えるものの、文章語としては「どこか落ち着かない」というのが結論のようです。以上、参考までに。

※追記：夏目漱石と芥川龍之介の引用文ですが、それぞれ『こころ』と『舞踏会』からのものだと当寺子屋の松原久美子さんからご教示いただきました。有難うございます。なお、蛇足ながら、漱石・龍之介ともに英文科の出身です。〔第2回〕

6. 「今こそわかれめ」の「わかれめ」について

　春は卒業式や入学式・入社式等があって、別れと出会いの季節です。そこで、今回は学校の卒業式でよく歌われる歌「仰げば尊し」の歌詞について取り上げます。2番目の歌詞が何やら古めかしい「立身出世主義」的な臭いというか気配が漂っていて、個人的にはあまり好きになれないところがあるのですが、メロディは心に響きます。2007年には「日本の歌百選」の1曲に選ばれています。

　ところで、「今こそ別れめ」の「め」ですが、中には「裂け目」

「割れ目」の「目」、「金の切れ目が縁の切れ目」の「目」だと思い込んでいる人がいるのではないでしょうか。この場合の「目」は、「《動詞の連用形に付いて》区切りとなる点や個所を表す」（『明鏡国語辞典』）ということになりますが、これでは単に「いま、別れを告げる時だ」というような意味になってしまい間違いです。ここは、「こそ〜め」（係結びの法則）で「今まさに別れよう」の意に解すべきでしょう。「め」は意志の助動詞で、基本形（「終止形」あるいは「辞書形」）は「む（ん）」になります。推量の意味もありますが、ここは明らかに意志の助動詞ですので「〜（し）よう」と訳します。「め」はその已然形です。「未然形・連用形・終止形・連体形・已然形・命令形」の順で「〇｜〇｜む｜む｜め｜〇」と活用します。強意の「こそ」がなければ、「今別れむ」です。

「係結びの法則」は高校の古文の授業で必ず出てきますが、簡単におさらいしておきます。まず、「係助詞」には次の5種あります。その中で、「ぞ」（強意）・「なむ」（強意）・「や」（疑問、反語）・「か」（疑問、反語）の4つは、活用する語を「終止形」ではなく「連体形」にします。「こそ」（強意）だけが「已然形」になります。この決まりを「係結びの法則」というのです。お気づきのように「強意」を表す「係助詞」は、「ぞ」・「なむ」・「こそ」と3つあります。

ですから、「今こそ別れめ」は「今ぞ別れむ」（「む」は終止形ではなく連体形）、もしくは「今なむ別れむ」（同じく「む」は連体形）でも言い換え可能ということになります。ただ、強意の度合いは「こそ」が一番強いようです。したがって、「今こそ別れめ」は

単純に「別れの時が来た」ということではなく、卒業するにあたって、友との別離の強い意志の表れとみるべきなのです。〔第18回①〕

7. 「今こそわかれめ」の「わかれめ」について（続）

　前回の「今こそ別れめ」について、やや説明不足な面がありましたので、他によい例がないか考えてみたところ、次の大伴家持の和歌が思い浮かびました。

　「海行かば　水漬く屍　山行かば　草生す屍　大君の　辺にこそ死なめ　顧みは　せじ」（『万葉集・巻十八』）。この和歌は、戦時中戦意高揚に利用されたようですが、本来は大仏建立に際し、大伴氏が天皇にご奉仕し続けていく、かたい決意を詠んだものです。

　前回引合いに出した「今こそ別れめ」と同じく「大君の辺にこそ死なめ（大君のお傍で死のう）」は、「大君の辺に死なむ」を強調したものです。ちなみに「死な」は「死ぬ」の未然形です。「な｜に｜ぬ｜ぬる｜ぬれ｜ね」と活用しますが、この動詞の活用の種類は古典文法では「ナ行変格活用（略して、ナ変）」といい、他に「往ぬ」と二つしかない種類です。

　ところで、「海行かば」の方ですが、「ば」は、「順接仮定条件」を表し、現代語に訳せば「海に行ったならば」となります。「行か」は「行く」（カ行四段）の未然形。古典文法では「未然形」は「仮定形」と同じ働きをします。普通「未然形」には打消しの助動詞「ず」が付きます。「行かず」「死なず」等。「海に行くので」もしく

は「海に行くと」の意を表すなら「海行けば」です。

　この場合の「ば」は、「順接確定条件」になります。「行け」は「行く」の已然形。「已然形」は「已(すで)にそうなった形」のことです。ここで、誤解が生じやすいのは、現代では仮定の意味で「行けば」を用いることです。口語文法では「已然形」ではなく、「仮定形」になっています。「日本に行けば良いことがあるだろう。」とか、「お金があれば海外旅行に行けるのに」等。言葉は変化し続けますが、それが時に混乱を引き起こすことがあるようです。〔第19回〕

8. 「仮定形」について

　紛らわしい漢字(已・己・巳)を取り上げた際(p.59)、古典文法には「仮定形」がないという話をしました。これは「活用形」のことであって、もちろん実際には「仮定」はあります。古典文法では「仮定形」は「未然形」で表します。「仮定」は仮の話ですので「まだ現実にはそうなっていない状態」です。「未然形」は「未だ然らざる形」ですから、やはり同じく「まだ、そうなっていない状態」のことです。

　したがって、古典文法では「未然形」が「仮定形」と同じはたらきをするのです。例えば「降る」という動詞。「ら｜り｜る｜る｜れ｜れ」と四段に活用しますが、順に「未然形」・「連用形」・「終止形」・「連体形」・「已然形」・「命令形」です。「もし、雨が降るならば〜」という仮定は、「未然形」の「降ら」を用いて「雨降らば〜」となります。

それでは「已然形」を用いた「雨降れば〜」は現代文ではどういう意味になるかというと「雨が降ったので〜」となります。「已然形」は「已に然る形」ということですので、「すでにそうなった状態」を表すわけです。この用法はちょっと、現代の「仮定法」と勘違いしそうで、注意が必要です。

　もう一つ、古典文法では「反実仮想」というのがあります。事実に反したことを仮に想像し、その仮定にもとづいて推量する表現のことです。「ましかば〜まし」・「せば〜まし」などの形をとります。以下、『全訳読解古語辞典』（三省堂・第5版）による解説です。

　〈例えば「世の中に絶えて桜のなかりせば春の心はのどけからまし」（古今集・春上）という歌で、「世の中に桜がない」ことは事実に反し、あり得ないことではあるが、もし桜がなくなることが実現すればと、仮に想像し、その仮定が成立するなら、春に桜の散ることを惜しんだり、桜の花を愛でそこなったりすることを悲しがったりしなくてすむから、のんびりできるだろうと推量しています。この和歌を訳すと「この世の中にまったく桜がなかったならば、春の人の心はどんなにかのどかなことでありましょう。」となります。〉

　高校生の頃、英語の授業で教わった仮定法。If I were a bird, I would fly to you！これを古典文法の「反実仮想」で表現するなら、さしずめ「鳥ならましかば、きみがもとに飛び

て行かまし」とでもなるでしょうか。英語は苦手でしたが、なぜか
この仮定法は楽しく学んだ記憶があります。〔第18回②〕

9. 「象は鼻が長い」(二重主語文)について

　先日、会員のNさんに、三上章の『象は鼻が長い』(くろしお出
版)について紹介している新聞の切り抜きをいただきました。紹
介しているのは社会学者の大澤真幸氏です。三上章は「主語は
無用であるばかりか有害である」と主張したことで知られる言
語学者です。従来、日本の学校文法は、橋本進吉の提唱する
「文は主語と述語からなる」という原則に準拠していますから
(むしろ、縛られていると言っていいかもしれません)、三上の
主張は相当な驚きだったと思われます。

　学校文法にがんじがらめに縛られている我々は、「象は鼻が
長い」というような文に出会うと、主語は「象」なのか「鼻」なのか
戸惑ってしまいます。他にも食堂で注文する際の「僕はウナギ
だ」(ウナギ文)や、ダイエット食品での「こんにゃくは太らない」(こ
んにゃく文)などがありますが、いずれも「主語」というものが、い
かに「くせ者」であるかがわかります。

　Nさんの切り抜きがきっかけで、10年ほど前に読んだ金谷武
洋の著作『日本語は亡びない』を再読してみました。この本の第
5章(p.82以降)に三上の主張が、次のように簡潔に説明されて
います。

　〈文法研究で使われる用語には紛らわしいものがある。中で
も「主語・主題・主格」と全て「主」で始まる三つの単語だ。これら

の区別があいまいなためにどれだけ混乱が生じているかしれない。三上は、まずこの三つを明確に区別した。三上は日本語に「主題」はあると言った。あるどころか、日本語にとって極めて大切な概念であり、その標識が「ハ」であると言う。次に「主格」もあるとした。これは格助詞の「ガ」が目印である。しかし、主格で表される語はあくまでも「補語」であり、主格補語は文の成立に不可欠な要素ではない。したがって、結論は明らかだ。日本語の構文説明に「主語」は不要なのである〉（『日本語は亡びない』ちくま新書）

　ところで、日本の文章は、もともと「主語」などというものは用いられることは少ないのです。皆さんは中学・高校時代に『枕草子』や『源氏物語』などの古典を教わったことがあると思いますが、例えば有名な次の文章です。
　〈雪のいと高う降りたるを、例ならず御格子参りて、炭櫃に火おこして、物語などして集まり候ふに、「少納言よ、香炉峰の雪いかならむ。」と仰せらるれば、御格子上げさせて、御簾を高く上げたれば、笑はせ給ふ〉（『枕草子』第二百九十九段）
　ここには三種の人物（主体）が出てきます。すなわち、①中宮定子、②私＝清少納言、③私たち＝清少納言を含めた女房たちです。しかし、すべて省かれています。
　ちなみに、「集まり候ふ」の主語（主体）は③、「仰せらるれば」は①、「御格子上げさせて」と「御簾を高く上げたれば」は②、「笑はせ給ふ」は①になります。

では、なぜ日本では「主語」が省略されるのでしょうか。管見によれば、一つには敬語の発達があると思われます。平安時代のような身分社会では天皇やそれに準ずる人々は「最高敬語」が用いられ、貴族には「敬語」が用いられます。そして当然一般庶民には敬語は用いられません。例えば、文末の「笑はせ給ふ」は、「せ（尊敬の助動詞）＋給ふ（尊敬の補助動詞）」で「二重敬語」になっており「最高敬語」です。普通の敬語なら「笑ひ給ふ」。敬語が不使用なら、もちろん「笑ふ」です。

　つまり、「笑はせ給ふ」→「笑ひ給ふ」→「笑ふ」と区別されるのです。清少納言が仕える定子は、中宮の身分で中宮は天皇の后ですから当然「最高敬語」が用いられ、主体は定子だということが自ずからわかるようになっているのです。

　他の理由としては、日本は島国であまり自己主張することを好みません。「出る杭は打たれる」という諺が示すように「私」をあまり出さない、そんな日本人の気質が影響しているのかもしれません。〔第25回①〕

10.　「は」と「が」について

　学習者の方によく質問される事項の一つです。

(1)以下、『ベネッセ新修国語辞典』(第2版)等を参考にしました。

○「は」は、副助詞（「係助詞」とも）で、「主題」や「対比」を表し、他と「区別」する場合に用います。

〔例〕・今年は冷夏だ。（主題）

　　　・犬は好きだが猫は嫌いだ。（対比）

・私**は**知りません。(区別)

〇「が」は、格助詞で、「主語」や「対象」を 表します。

〔例〕・花**が**咲く。(主語)

　　　・音楽**が**好きだ。(対象)

(2)情報伝達と「は」(『日本語文法』〔岩淵匡 編著・白帝社〕による)

　以下は、その要所と思われる部分に手を加えたものです。

(ア)私**は**古畑です。〔既知・旧情報〕

(イ)私**が**古畑です。〔未知・新情報〕

　(ア)と(イ)とは、どのように使い分けられているでしょうか。例えば教授に呼び出されて友達数人と一緒に研究室に入った時に、「えーと、誰が古畑さん？」と教授に尋ねられた場合には、(ア)でなく(イ)を用いるのが普通です。サークルのコンパで「君は？」と自己紹介を求められたのであれば、逆に(ア)になります。こちらは実際には「私は古畑と言います」などという方が自然でしょうが、いずれにせよ、「私」に「は」の付いた形が選択されることになります。つまり、「相手は目の前にいる自分の存在は当然認識している、だが名前などの情報は持っていない」という状況ならば(ア)が、「相手はそこにいる誰かが『古畑』という名前の人物だということは知っている、だが、そのうちの誰が『古畑』かということは知らない」という状況ならば(イ)が選択されます。この点をとらえて、「は」は「既知」の要素に付き、「が」は「未知」の要素に付くとか、「は」は「旧情報」を表し、「が」は「新情報」を表す、といった解説が行われます。

<まとめ> 「は」と「が」の区別

○「は」 … 助詞の種類 → 副助詞(「係助詞」とも)。「既知・旧情報」に用いる。

○「が」 … 助詞の種類 → 格助詞。「未知・新情報」に用いる。〔第25回②〕

11. 「は」と「が」について(続)

「象は鼻が長い」でも取り上げましたが、「は」と「が」の区別は、日本語を学ぼうとする外国の方には難しく感じるようです。教える側の日本人にとっても、どう教えたらよいのか戸惑うことが多いように思います。多くの方がテキストとして使っている『みんなの日本語』(スリーエーネットワーク)でも、わかりやすく説明されているとは言いがたいでしょう。

そんな中で、『短期集中・初級日本語文法総まとめポイント20』(スリーエーネットワーク)が比較的要領よくまとまっていって、わかりやすいのではないかと思いますので、ここにピック・アップして紹介いたします。これは、『ベネッセ新修国語辞典』(第2版)の付録の内容と重なる面もあると思います。

○ポイント1: 大切な情報
(1)伝えたい情報の前 → 「は」
　〔例〕 田中社長は|3時に来ます|。
　　　　　　　　　　└→伝えたい情報

　伝えたい情報の後 → 「が」

〔例〕 田中社長**が**3時に来ます。
      └→伝えたい情報

(2)疑問詞の前 → 「は」　　答えも「は」で答える。
   〔例〕 A:これ**は**何ですか。　B:これ**は**時計です。
   疑問詞の後 → 「が」　　答えも「が」で答える。
   〔例〕 A:だれ**が**来ましたか。　B:田中さん**が**来ました。

○**ポイント2**: はっきり示したい場合
(1)取り立てて話題にするとき → 「は」
   〔例〕 3年前にあの映画を国で見ました。
     → あの映画**は**、3年前に国で見ました。
   お酒**は**好きなんですが、すぐ顔が赤くなってしまうんです。
   ＊特に、否定したい部分をはっきり示したいとき、「は」になる
   ことが多い。
   〔例〕 わたしのうちに犬**は**いません。
   〔例〕 わたしはあの人と**は**結婚しません。
(2)対比して示したいとき → 「は」
   〔例〕 家の外**は**寒いですが、中**は**暖かいです。
   〔例〕 ワイン**は**飲めますが、ウィスキー**は**飲めません。
   〔例〕 この子はうちで**は**よく話しますが、外で**は**あまり話し
   ません。〔第47回〕

【日本語学習者と指導者のための問題○】
   ① ( ) の中に「は」か「が」のどちらか適当な方を入れなさ

い。(『短期集中・初級日本語文法総まとめポイント20』改)

1. A:リンさん（　　）どの方ですか。　B:リン（　　）わたしです。

2. あした国の友だち（　　）日本へ来ます。彼（　　）Kホテルに泊まります。

3. A:夏休みにいっしょに旅行しましょう。どこ（　　）いいですか。

　B:富士山（　　）いいです。

4. 来週はわたしではなく、ワン先生（　　）発音を教えます。ワン先生（　　）T大学の中国語の先生です。

②どちらか適当な方を○で囲みなさい。(前掲書・改)

1. ビールはあの人 {は　が} 飲んだんです。

2. わたしは朝ご飯 {は　が} 食べませんが、昼ご飯 {は　が} たくさん食べます。

3. A:きのう銀行へ行きましたか。

　B:いいえ、銀行へ {は　が} 行きませんでした。

4. A:あした山田さん {は　が} 空港へ行きますか、あなた {は　が} 行きますか。

　B:空港へ {は　が} わたし{は　が}行きます。山田さん {は　が} 家で待っているそうです。

12. 「行う」か「行なう」か

「おこなう」の送り仮名ですが、「行う」と「行なう」では、どちら

が正しいのでしょうか。内閣告示「送り仮名の付け方」によれば、どうやら「行う」と書くのが基本のようです。どうりで、パソコンのキーボードで変換すると「行う」と出てくるわけです。

　それでは、「おこなって」は「行って」で良いのでしょうか。前後の文脈に関係なく単独でならば「いって」と読んでしまいそうです。ところが、「送り仮名の付け方」にはルールがあって、活用のある語は「活用語尾を送る」という本則があるのです。そうすると、「おこなう」は口語文法では「ワア行五段活用の動詞」（国語文化研究所編『国文法要覧』）ですので、その活用は「おこな・わない（未然形）｜おこな・います（連用形）｜おこな・う（終止形）｜おこな・うとき（連体形）｜おこな・えば（仮定形）｜おこな・え（命令形）｜おこな・おう（未然形）｜おこな・って（連用形）」となります。

　つまり、下線部で示した通り「ワ・オ／イ・ッ／ウ／ウ／エ／エ」と五段にわたって活用するのです。ワ行とア行が混ざっていますので「ワア行」と言います。「おこな」までは、変化しませんので「語幹」と言います。それに対して、変化する部分を「活用語尾」と言います。忘れてしまったかもしれませんが、中学校で習っているはずです。これでおわかりかと思いますが、「おこなって」は「行って」で正しいということになります。

　ただ、「送り仮名の付け方」には「但し書き」が付いていて「行なう」と書いても良いことになっています。他にも「表す」は「表わす」、「断る」は「断わる」と書いても構わないようです。

　私の個人的な好みから言えば、やはり「おこなう」は「行なう」

であり、「あらわす」は「表わす」の方がしっくりきます。皆さんはどう思われますか。

　実は、「行って」についてですが、前にも書いたとおり2023年度「大学入学共通テスト」の国語の漢字問題に出題されています。本書の5章6「共通テストより漢字の問題」(p.74)を読んでいただければ分かるはずです。〔第27回〕

13.「～せざるを得ない」について

　以前、「重言」について説明しましたが、そう言えば、安倍元首相が「桜を見る会」に関する問題で、「幅広く募っているという認識でございました。募集しているという認識ではなかったものです」('20.1.28 日テレ NEWS24)と釈明しています。

　これなどは「馬から落ちましたが、落馬はしていません」と言っているようなもので、まことに聞き苦しいかぎりです。

　さて、今回は「～せざるを得ない」について取り上げます。N2程度を目指す学習者の方に文法を教えていると、テキストにだいたい出てきます。例えば、『TRY! N2—文法から伸ばす日本語—』(アスク出版 p.53)、『日本語総まとめN2文法』(アスク出版 p.76)などです。

　『TRY!』の解説に「『～せざるを得ない』は、状況から『嫌だが～しなければならない・～するしかない』と言いたいときに使う」とあって、さらに「＊『する』→『せざるを得ない』」とあります。

　そして、例文として「台風接近のため、野外コンサートは中止せざるを得なくなった」とあります。

「せざるを得ない」を一単語ずつ分解すると、「せ＋ざる＋を＋得＋ない」となります。これを「品詞分解」と言いますが、中高の文法の時間にやらされて、これで8割方の生徒は文法嫌いになります。

　それをあえて説明すると、この「する」（サ行変格活用）の活用は、次のようになります。「（未然形）し／せ／さ｜（連用形）し｜（終止形）する｜（連体形）する｜（仮定形）すれ｜（命令形）しろ／せよ」。

　したがって、「せ」はサ変動詞の未然形だということがわかります。未然形には他に「し」と「さ」がありますので、「しざるを得ない」でもよさそうな気がしますが、一般的ではありません。もちろん「さざるを得ない」とは言いません。

　ただ、外国人向けの動詞の「3グループ（フォームⅢ）」では、「（辞書形）する」・「（ます形）します」・「（ない形）しない」・「（た形）した」・「（て形）して」・「（意向形）しよう」・「（命令形）しろ」「（条件形）すれば」とあり、「せ」は出てきません。

　次に「ざる」ですが、よく「見ざる」・「言わざる」・「聞かざる」などと言います。この「ざる」の基本形（終止形・辞書形）は、打消の助動詞「ず」なのです。もちろん文語文法です。口語文法（現代文法）では「ない」に相当します。この「ず」の活用は次の通りです。

　「（未然形）ず／ざら｜（連用形）ず／ざり｜（終止形）ず｜（連体形）ぬ／ざる｜（已然形）ね／ざれ｜（命令形）ざれ」。すなわち、「ざる」は打消の助動詞「ず」の「連体形」になります。

こうしてみると、口語と文語が入り交じってしまうことになりますので、先の「せざる」の「せ」は口語文法「する」の未然形ではなく、文語文法のサ変動詞「す」の未然形と考えた方が合理的かもしれません。ちなみに、文語文法のサ変動詞「す」の活用は「(未然形)せ｜(連用形)し｜(終止形)す｜(連体形)する｜(已然形)すれ｜(命令形)せよ」です。

　　ただ、日本語学習者にこのような説明は不要かと思いますが、教える側としては知っておくにこしたことはないでしょう。学習者には、一種の「慣用句」として、一まとめで覚えてもらうのがよいと思います。最後に「日本語総まとめN2」の例文より引用します。「この戦争は間違いだったと言わざるを得ない」。ウ・露の戦争が一刻もはやく終わることを祈ります。〔第31回〕

【日本語学習者と指導者のための問題Ｐ】

　　① 上の1～4の文と、下のa～dの文をそれぞれ正しく結びつけなさい。(『TRY! N2—文法から伸ばす日本語—』〔アスク〕)

1. 家事は苦手だが、一人暮らしを始めたら、
2. バイク通学を認めていましたが、事故が続いたため、
3. 彼は肩を痛めたことで、
4. 取引先から頼まれたら、
a. プロ野球選手になる夢をあきらめざるを得なかった。
b. 無理な注文でも受けざるを得ない。
c. 全部自分でやらざるを得ない。
d. 禁止せざるを得なくなりました。

② 正しい方に○をつけなさい。(『日本語総まとめN2文法』〔アスク〕)
1. 約束は（a. 守らざるを得ない　b. 守らないべきだ）。
2. その計画は不可能だと言わざるを（a. 得る　b. 得ない）。

14.「来ぬ」と「来ぬ」について

　「夏は来ぬ」という佐々木信綱(歌人)が作詞した唱歌があります。解説に、「堀内敬三氏も明治唱歌ベストテンに入れた」(『日本の唱歌〔上〕』講談社文庫)とあるほど有名な歌です。ご存じのように「夏は来ぬ」と読みますし、夏は来たのであって、来ないのではありません。

　では、次の和歌A・Bの傍線部はどう読んだら良いのでしょうか。「和歌なんか、わかんない」と言わずにお付き合いください。
A…「来ぬ人をまつほの浦の夕なぎに焼くや藻塩の身もこがれつつ」(百人一首/新勅撰・恋三・八四九・藤原定家)
B…「秋来ぬと目にはさやかに見えねども風の音にぞおどろかれぬる」(古今・秋上・一六九・藤原敏行)

　もちろん、Aは「こぬ」と読んで「来ない」の意ですし、Bは「きぬ」と読み「来た」の意です。このように、「来」という文語動詞はやっかいな動詞です。繰り返しになりますが、カ変動詞(口語では「来る」)です。動詞の3グループ(フォームⅢ)〕で活用は、「(未然形)こ｜(連用形)き｜(終止形)く｜(連体形)くる｜(已

- 113 -

然形)くれ｜(命令形)こよ/こ」となります。

　読み方を考える上で重要なのは「接続」です。「来し方行く末」という言い方からわかるように、「し」(終止形「き」)という助動詞は、カ変動詞には「未然形」もしくは「連用形」に接続します。ですから、「こしかたゆくすえ」もしくは「きしかたゆくすえ」と読むのです(どちらかと言えば「こしかた」がベターか)。同じように「ぬ」の接続について考えてみます。

　ところで、前述の和歌AとBの「ぬ」は全く別の助動詞なのです。具体的に申しますと、Aの「ぬ」は打消の助動詞「ず」の連体形で、その活用は「(未然形)ず/ざら｜(連用形)ず/ざり｜(終止形)ず｜(連体形)ぬ/ざる｜(已然形)ね/ざれ｜(命令形)ざれ」となります。一方、Bの方は完了の助動詞「ぬ」の終止形で、活用は「(未然形)な｜(連用形)に｜(終止形)ぬ｜(連体形)ぬる｜(已然形)ぬれ｜(命令形)ね」となります。

　つまり、Aの方は「ぬ」の基本形(終止形・辞書形)が打消の助動詞「ず」ですから、「未然形」に接続することになり、動詞「来」の未然形は「こ」ですので「こ・ぬ」と読みます。Bの方の「ぬ」は完了の助動詞ですので、その場合は「連用形」に接続する決まりがあって、動詞「来」の連用形は「き」ですから「き・ぬ」と読むことになるのです。〔第33回〕

【日本語学習者と指導者のための問題Q】
　□次の和歌Cの傍線部はどう読んだら良いでしょうか。
　C…「来や来やと待つ夕暮れと今はとて帰る朝といづれま

されり」(後撰・恋一・五一〇元良親王)

＊ヒント:「や」は終助詞的な意味を持つ係助詞です。

15.「来る」と「来る」について

前回の「来ぬ」と「来ぬ」に続き、今回は「来る」と「来る」について取り上げます。

過日、テレビで「徳光和夫のバス旅」('22.6.19放映)を見ていたところ、深大寺でゲストが御神籤を引く場面があって、徳光さんが「待ち人来らず」を「待ち人こらず」と読んだように聞こえました。気のせいかとも思いましたが、確かにそう言ったように聞こえました(聞き違いだったらごめんなさい)。この誤読は時々耳にしますが、これはもちろん「待ち人きたらず」の間違いです。

漢字で書かれていると迷いますが、そもそも「来る」と「来る」とでは動詞の活用の種類が違います。口語の「くる」はカ変動詞で「3グループ(フォームⅢ)」になりますし、「きたる」はラ行五段動詞で「1グループ(フォームⅠ)」に分類されます。

活用はカ変動詞「く・る」が、「(未然形)こ｜(連用形)き｜(終止形)く・る｜(連体形)く・る｜(仮定形)く・れ｜(命令形)こ・い」となります。また、ラ行五段動詞「きた・る」の活用は、「(未然形)ら/ろ｜(連用形)り/っ｜(終止形)る｜(連体形)る｜(仮定形)れ｜(命令形)れ」となります。

思いつくままに「きた・る」の用例を挙げると、小説の題名で『悪魔が来りて笛を吹く』(横溝正史)や『今日は再び来らず』(城

山三郎)等があります。「来たる」でも間違いとは言えませんが、「来る」で「きたる」と読ませるのは、原則的に送り仮名は「活用語尾」からとなっているためです。「おこな・う」を「行う」と表記するのと同じ理屈です。〔第34回〕

16. 助動詞「けり」と「き」について

　昨年度まで担当していた学習者がベトナムに帰国し、新年度からネパール出身の高校生を担当することになりました。今までは日本で働く技能実習生がほとんどで、大抵「日本語能力試験」を目指していましたので、当然それに即したテキストを使っていました。しかし、今度は日本の高校に通っている生徒ですので、文法をどう教えるべきか迷っていたところ、学習者が『伊勢物語』を解説して欲しいとのことでしたので、文法は日本語を学ぶ外国人向けの文法ではなく、「学校文法」に準拠することにしました。

　そこで、まずつきあたったのが、助動詞「けり」と「き」でした。どちらも過去の助動詞に分類されますが、微妙に意味が異なるのです。古語辞典で「けり」を引いてみましょう。以下は、その辞典にある〔補説〕からの引用です。

　〈「き」は話し手・書き手の直接経験した内容を表す(「体験過去」)ことが多いのに対して、「けり」は、話し手・書き手が直接体験していない過去を表す(「伝聞過去」)ことが多い〉(『全訳読解古語辞典』三省堂・第4版)

　辞書の説明にあるとおり「けり」は「伝聞過去」、つまり作者は

自分では直接体験しておらず、ひとづてに伝え聞いたことがらなので、現代語の訳としては、「…たそうだ」・「…たそうな」・「…たということだ」とするのが適当だということになります。ここで原文にあたってみましょう。

「むかし、男ありけり。女のえ得まじかりけるを、…」（『伊勢物語』「第六段」）。この部分を、国文学者の福井貞助氏は、「むかし、男がいた。思いがかなえられそうにもなかったある女を、…」（『完訳・日本の古典 10』小学館）と訳しており、同じく国文学者の永井和子氏は、「むかし、男があった。とても手に入れられそうにもなかった女を、…」（『対訳・日本古典新書』創英社）と訳しています。両人とも「けり」が「伝聞過去」であることを承知のうえで、このように訳したのでしょうが、丁寧に訳すなら、「むかし、ある男がいたそうな」となります。自分は面識がないが、他人からそのように伝え聞いている、という意味合いになるのです。

その点、学習院女子高等科教諭の坂口由美子氏は「むかし、こんな男がいましたっけ」（『日本の古典・伊勢物語』角川ソフィア文庫）と訳していますが、これが一番イメージにあった訳し方だと思います。

『竹取物語』の冒頭部にも、「今はむかし、竹取の翁といふもの有りけり」とありますが、これも「…竹取の翁という者がいたそうな」と現代語に訳すことができます。作家の星新一は「むかし、竹取じいさんと呼ばれる人がいた」（『竹取物語』角川文庫）とあっさりと訳していますが、国文学者ではないのでやむを得ないかもしれません。

一方「き」の場合ですが、「むかし、男ありき」という文ならば、やはり「むかし、男がいた」と訳すことができ、一見「むかし、男ありけり」と変わりがないようにみえますが、詳しく言えばこちらは、「むかし、男がいて、その男とは面識があって自分もよく知っている男だった」ということになるのです。

　「けり」は、現代では和歌や俳句ぐらいでしか見かけませんが、「けりがつく」の「けり」は、この過去の助動詞「けり」から由来していることは、皆さんもよくご存じかと思います。もっとも、俳句で用いられる「けり」は「伝聞過去」ではなく、「詠嘆」になります。蛇足ながら、現代の「…たっけ」の「け」は「けり」の名残りだとも言われています。

　ところで、「けり」は現代ではあまり見かけなくなり、学習者に教える機会も滅多にないと思いますが、「き」の方は時々目にします。例えば、やや古いところでは「兎追いしかの山、小鮒釣りしかの川、夢は今もめぐりて、忘れがたき故郷」（『日本の唱歌〔中〕大正・昭和篇』講談社文庫）。比較的新しいものでは、わが八王子市出身の誇るべきシンガーソングライターである松任谷由実の『春よ、来い』の歌詞に、「春よ ／ 遠き春よ ／ 瞼閉じればそこに ／ 愛をくれし君の ／ なつかしき声がする」とあります。

　過去の助動詞「き」の活用は特殊型で、「（未然形）せ｜（連用形）○｜（終止形）き｜（連体形）し｜（已然形）しか｜（命令形）○」と活用します。つまり「兎追いし」の「し」、「釣りし」の「し」、「愛をくれし」の「し」は、すべて過去の助動詞「き」の「連体形」ということになります。

「愛をくれし」は「愛をくれた」でもよさそうな気もしますが、「し」の方が何となく気品と一種のおもむきが感じられなくもなく、そこに作詞者のこだわりがあるのでしょう。

なお、「遠き」の「き」と「なつかしき」の「き」は助動詞ではなく、それぞれ形容詞（イ形容詞）「遠し」と「なつかし」の連体形の活用語尾になります。

さらに、歌手グループいきものがかりの「SAKURA」の歌詞にも「君と　春に　願いし　／　あの夢は　／　今も見えているよ　／　さくら舞い散る」（1番）の他、「夢見し」（8番）、「誓いし」（9番）等、過去の助動詞「き」の連体形「し」が多用されています。

ここで問題です。前（p.114）にも取り上げましたが、過去の助動詞「き」の連体形「し」を含んだ「来し方行く末」ですが、皆さんは「こしかたゆくすえ」と読みますか、それとも「きしかたゆくすえ」と読みますか。どちらが正しいのでしょう。

答えはどちらも正解です。実は、助動詞「き」は、普通は動詞の連用形に接続します（「追い・し」の「追い」、「釣り・し」の「釣り」、「くれ・し」の「くれ」はすべて動詞の連用形です）が、カ変（カ行変格活用）動詞には未然形と連用形の両方に「し」と「しか」が接続するのです。

ちなみに、文語のカ変動詞「来」の活用は「（未然形）こ｜（連用形）き｜（終止形）く｜（連体形）くる｜（已然形）くれ｜（命令形）こ／こよ」となります。また、サ変（サ行変格活用）動詞には未然形に「し」と「しか」、連用形に「き」が接続します。カ変動詞・サ変動詞は、外国人学習者向けのテキスト『みんなの日

本語』(スリーエーネットワーク)の「動詞のフォーム」では「Ⅲ」(一般的には「3グループ」)に該当します。

　以上、今回は「けり」と「き」の違いについて取り上げてみましたが、これを高校に入学したばかりの学習者に教えてよいものでしょうか…。やはり、よしましょう。嫌われてしまいそうです。日本の大学入試対策には必要かもしれませんが、今はやめておきます。〔第32回〕

──【コラム④】「ルビ付き紙面　拡充を」
(「東京新聞」への投稿記事より)──

　高校教師を定年後、ボランティアで外国の方に日本語を教えて数年になる。これまでは、日本語能力試験を目指す技能実習生を担当することがほとんどで、専用のテキストが多数そろっていた。

　今の担当は、ネパール出身の女子高生。彼女は日本語を聞いたり話したりは、日常生活にほぼ不自由しないレベルだ。ただし、漢字の読み書きは苦手で、自称・小学三年生程度という。そこで、貴紙のルビ付き記事を活用することに。例えば「親子で学ぶぅ」「くらしの中から考える」「NEWS虫めがね」等。内容的にも大変有意義で、重宝している。

　折しも、こどもの日の朝刊一面にルビ付き記事が出た。他紙にはない画期的で、斬新な試みだと思う。今後も一層、充実したルビ付き紙面を期待している。(2023年5月31日朝刊に掲載)

八、「映画」・「文学」等にまつわる話

1. 映画「マイ・フェア・レディ」の話

昨年（'22年）末、コロナ禍の中、スピーチ大会が無事開催できてホッとしていたところ、同じ日、女優で声優・歌手の神田沙也加さんが急逝されたというニュースが入ってきました。特にファンというわけではありませんが、母親譲りの美声の持ち主で、今後の活躍が期待されていただけに痛ましく残念でなりません。

さて、その神田さんが舞台で主演を務める予定だったのが、ミュージカルの「マイ・フェア・レディ」です。ご存じのように、このミュージカルはオードリー・ヘプバーンの主演で映画化（1964年：米、監督：ジョージ・キューカー）されていますので、ご覧になった方もいらっしゃるかと思います。もともとは、作家バーナード・ショウの風刺にみちた戯曲『ピグマリオン』を下敷きにしたもののようです。

話の内容ですが、言語学者（音声学）であるヘンリー・ヒギンズ教授（レックス・ハリソン）が、とある劇場前で、下町育ちの美しい花売り娘イライザ（オードリー・ヘプバーン）のひどいなまり言葉に興味を抱き、ノートにメモをとる場面から始まります。イライザは、教授の「この娘も今の話し方では一生ドブネズミだが、私が仕込めば半年で貴婦人だ」という言葉に動かされ、教授の家を訪れます。教授は求めに応じて、彼女に正しい発音・文法や、淑女（レディー）としての行儀作法を教え込みます。

厳しいレッスンの甲斐あって、やがてイライザは立派なトップレディーへと変身していきます。そして、いつしかヒギンズ教授はイライザが自分にとって必要な女性だということに気がつき、二人は結ばれます。いわば、現代版のシンデレラ物語と言ってよいでしょう。

　ここで問題なのは、イライザがひどいなまり言葉、時に下品ともいえる話し方のままだったとしたら、このラブストーリーは成立しただろうかという点です。答えはもちろん「否」でしょう。やはり、言葉や話し方は大切です。映画の冒頭で教授は声を大にして演説します。「人間に生まれ、明確に話す力を授かり、シェークスピアの国に生まれながらその崩れきった発音」。「問題は言葉。汚い服や顔じゃない」。

　確かにいくら見た目が美しくても、話し方が下品だったら100年の恋もいっぺんに冷めてしまうのではないでしょうか。

　教授は続けます。「英国人は話し方で人を差別。話し方で人をさげすむ。英語がひとつになるは夢。なぜ英国人は学ばない。手本を示せ、耳障りな英語を話す連中に。泣きたくなるなまり。崩れきっては滅びゆく英語。米国ではとうに死語。なぜ話し方を教えない」。

　ここは、「英語」を「日本語」に置き換えても同じことが言えるような気がします。

　ちなみに、my fair lady の fair は「美しい」を原義としますが、「〈言葉などが〉ていねいな、感じのよい」（『ジーニアス英和辞典』大修館・第5版）という意味があるようです。以前、私がオリン

ピックのスケボー解説者が「超やべー」とか「ハンパねぇー」・「鬼早い」などと話しているのを聞いて違和感を覚えると書きましたが、その気持ちは今も変わりません。学習者用のテキストに、時折「忘れちゃったんです」というような文が出てくるのを見かけますが、やはりきちんとした文から教えるべきだと思うのは、私だけでしょうか。それにしても、欧米人は「プリティ・ウーマン」(1990年：米)とかシンデレラ物語が好きですね。

　もうひとつ。「真昼の死闘」(1969年：米、監督：ドン・シーゲル)という映画では、冒頭、山賊に襲われたサラ(シャーリー・マクレーン)という尼僧を、流れ者のホーガン(クリント・イーストウッド)が助け出す場面があるのですが、実はこの尼僧がくせ者で、後に怪しげな言動から正体が明かされることになるのです。

　怪しげな言動というか、怪しげな言葉というのは、いわゆる four-letter word(4文字語)のことです。

　私は、女性には淑女であって欲しいし、男性は紳士であって欲しい。自分でもできればそうありたいと願っていますが、まずは、言葉遣いから始めたいと思います。〔第28回〕

2.　高村光太郎と宮澤賢治

　「紅葉台新聞」第32号のA氏の投稿記事を、大変興味深く拝見した。というのも、実はA氏と同じ頃、私もやはり西放射線通りの古本市を冷やかしていたからである。加えて、A氏とは作家の好みも似ているようだ。

　A氏が買い求めたという筑摩書房の『現代日本文学全集 24

高村光太郎・萩原朔太郎・宮澤賢治』についてだが、別にやはり筑摩書房から『現代日本文学大系 27』というのが出ていて、これは『高村光太郎・宮澤賢治』の二人の集になっている。そして、私が持っている講談社の『日本現代文学全集 40』も『高村光太郎・宮澤賢治』の二人が同じ巻に入れられている。光太郎も賢治も私の好きな詩人で、特に賢治の『農民藝術概論綱要』の序論の中の「世界がぜんたい幸福にならないうちは個人の幸福はあり得ない」という一節には、魂 が揺さぶられた。

　ところで、作風も経歴も大分異なる二人が、何故同じ巻に収められているかというと、もちろん、二人は浅からぬ因縁というか、関係があったからにほかならない。『新潮日本文学アルバム・宮澤賢治』の「略年譜」によれば、〈大正15・昭和元年（1926）30歳。12月2日上京、図書館やタイピスト学校で勉強、オルガンやセロを習う。高村光太郎を訪問」〉（天沢退二郎による）とある。

　もう少し詳しく知るために『年表・作家読本：宮澤賢治』河出書房新社（山内修＝編著）を調べると、〈賢治はこの年（1926）の暮れに、東京駒込の光太郎の家を一度だけ訪れたことがある。この頃の賢治が文壇・詩壇との交流をつとめて避けようとしていたことを考えれば、賢治が光太郎のどこにひかれていたのかは不明であるが、きわめて異例のことである〉との記述が見られる。そしてその日の夕方、二人は上野の聚楽で鍋をつつきながら一杯やったようである。時に、光太郎は44歳。

　この時の出会いがきっかけで、高村光太郎と宮澤家の交流

は、どうやら賢治が昭和8年（1934）、38歳で亡くなった後も続いたようで、光太郎は大戦末期、駒込のアトリエが空襲で炎上後、しばらくして昭和20年（1945）5月に、岩手県花巻の宮澤清六（賢治の弟）方に疎開している。

　以上の事柄から、二人が同じ巻に収められている理由がようやく理解されるのであるが、筑摩書房にせよ、講談社にせよ、光太郎と賢治の年譜には1926年の二人の出会いについてはいっさい触れられていない。そうしていきなり光太郎の年譜にだけ、昭和20年「5月、宮澤清六方に疎開」の記述がポツンと見られるのである。

　これでは、知らない人には何故二人が同じ巻に収められているのか分からないのではあるまいか。もっとも、筑摩の大系本には巻末に「付録」があって、そこに書かれている佐藤隆房の「高村光太郎山居七年」という文章を具に読めば、二人の関係はある程度は分かるのだが…。ともあれ、これでは読者に対していささか不親切ではないかと思った次第である。〔『紅葉台新聞』第38号〕

3.　『谷間のゆり』（バルザック）について

　2022年9月8日、エリザベス女王が96歳で逝去された。女王を慕う英国民によって、ロンドンのバッキンガム宮殿前には、連日バラやヒマワリ、ユリなど沢山の花が手向けられたそうだ。さらに、女王の好きな花が「a lily of the valley」（谷間のユリ）であったこと、そして、谷間のユリとは「スズラン」のことであるこ

とを新聞(「東京新聞」9月20日夕刊)で知った。

　「谷間のユリ」ですぐに思い浮かべるのはバルザックの小説『谷間のゆり』である。この小説を読んだとき、「ユリ」は単に「ユリ」(lily)だとしか思わなかったのであるが、フランスでもやはり「スズラン」を指すのであろうか。小説を読んだ印象では、主人公の初恋の相手である美しく清純貞淑なモルソフ伯爵夫人のイメージは、やはり「スズラン」の方が相応しい気はする。

　ところで、バルザックに関してだが、私はこの作家の小説が好きで今までに10冊以上は読んできた。ところが、日本の知識人はバルザックをあまり読まないのか、彼から感化を受けた作家も少ないようなのだ。私の手元に、いささか古ぼけた『一冊の本』(朝日新聞学芸部編・1974年改装版)という書がある。この本は、当時の各界の著名人が、自分が感銘を受けた本を1冊選んで、その理由・感想を述べたものであるが、259名もの回答者の中で、何故かバルザックの作品を選んだ人が一人もいないのである。

　ちなみに、フランスの作家を挙げた著名人(作家・詩人)は次の通りである。武田泰淳『赤と黒』(スタンダール)、開高健『嘔吐』(サルトル)、三島由紀夫『ドルジェル伯の舞踏会』(ラディゲ)、深田久弥『法王庁の抜け穴』(ジード)、堀口大学『幽明集』(ジャン・コクトー)、田宮虎彦『カストロの尼』(スタンダール)、西条八十『イリュミナシオン』(アルチュール・ランボオ)等。他にモーパッサンやルソー、サンテグジュペリ、メリメなどが挙がっているが、バルザックの名は何度見直してもない。

　私が『谷間のゆり〔原題:LE LYS DANS LA VALLÉE〕』(宮崎嶺

雄訳）を読んだのは、岩波文庫版（1994年改装第1刷）によるが、その頃岩波文庫から出ていた作品は、他には『「絶対」の探求』、『知られざる傑作』ぐらいなので、バルザックの読者自体が少なかったのかもしれない。

　しかし、現在は読者が増えたせいか『ゴリオ爺さん』・『ゴプセップ　毬打つ猫の店』・『艶笑滑稽譚』・『サラジーヌ』等、大分充実してきている。しかも、最近の岩波文庫版のバルザック作品には、挿絵や図版が多数あって、これが結構面白い。さらにバルザックを楽しみたい人には、藤原書店から出版された『バルザック「人間喜劇」セレクション』（全13巻・別巻2）をお薦めしたい。中でも『幻滅』・『従妹ベット』は傑作だと思う。

　ということで、これからの秋の夜長にバルザックの作品を、ブランデーでも片手に読んでみてはいかがでしょうか（付記：『幻滅』は河出書房「世界文学全集　4・5」、『従妹ベット』は新潮文庫からも刊行）。なお、『幻滅』は'23.4映画館にて上映。〔『紅葉台新聞』第51号〕

4.『枕草子』より「出衣」について

　今夏（2023年）は例年にはない酷暑が続いた。暑くなると、よく見かけるのがシャツの裾出しである。これを格好良いと見るか、だらしないと見るかは、世代や育った環境、各人の美意識にもよるだろう。中高などの学校では、防災上の問題もあって、裾出しを禁止しているところが多いようだ。個人的には、学校はフォーマルな場なので当然だとは思う。

　ファッションスタイリストの大山シュン氏によれば、「まず判断

すべきなのはシャツの着丈の長さです。着丈が長いものはインして着ることを前提に作られているので、外に出して着ようとすると裾が長すぎてバランスが悪い」とし、「一方でカジュアル衣料のコーナーでハンガーに掛かって売っているようなシャツは外出しで着る物が多い」としている。私などは、外出し用のシャツまで中に入れてしまうので、家人から「みっともない」・「ダサイ」とよく言われる。子どもの頃からの悲しき習性で、今更改めようがない。

　ところで、話は一気に古くなるが、今回は、王朝時代の話である。平安時代の貴族の間では、「出衣」とか「出褄」といって、下着の裾を「直衣」や「袍」の下から少しのぞかせて着るのが、むしろフォーマルな場での改まった着方であった（下図参照：『全訳古語辞典』旺文社・第5版による）。つまり、現在とは真逆なファッション感覚なのである。

　具体的には『枕草子』（「日本の古典12」小学館）の第三段に、「梅〔原注：桜の間違いか〕の直衣に出褄して、まらうどにもあれ、御せうとの君達にもあれ、そこ近くにゐて物などうち言ひたる、いとをかし。」とある。田中澄江の現代語訳

参考図：出衣

では「客人であれ、宮様の御兄弟たちであれ、表が白く、裏が赤の桜の直衣に出褄をして、その花の間近にいて話などされているのは見るからにはなやいだお姿である」（「日本古典文庫10」河出書房新社）。

また、第二十段には、「昼つかた、大納言殿〔注：中宮定子の兄、藤原伊周。道長の甥。〕、桜の直衣のすこしなよらかなるに、濃き紫の指貫、白き御衣ども、うへに濃き綾の、いとあざやかなるを<u>出だして</u>、まゐりたまへり」とある。同じく田中澄江の現代語訳は「昼ごろ、宮さまの御兄君、大納言伊周さま、桜の直衣の少しなよらかなのに、濃い紫の指貫を召され、直衣の下に白い小袖など重ね、そのうえに濃い紅の綾織物、いろもあざやかなのを出袿にしてお見えになった」（前掲書）となっている。

　これらの章段からは、女房として中宮定子(18歳)に仕えることになった清少納言(推定28歳)が、定子の兄上でファッションセンス抜群にしてハンサムな貴公子である伊周に出会ったときの高揚感がよく伝わってくる。正暦5(993)年、この時伊周はまだ21歳の若さ。後に叔父である道長との権力争いに敗れ左遷されたとはいえ、この時すでに大納言である。才気煥発でウィットに富んだ清少納言ではあるが、どうやら自分の容姿には自信がなかったようで、憧れのスターにでも出会えたような気持ちだったに違いない。

　ともあれ、上述のような出袿が風流で、おしゃれな着こなしとする「をかし」の感覚は、単に作者「清少納言」の個人的な美意識によるものというよりは、当時の貴族社会の一般的な感覚だったもののようだ。現在の若者の意識に通じるものがあるのかもしれない。さて、皆さんはシャツの裾出しをどう思われますか。

〔『紅葉台新聞』第93号〕

5.「サンガク」の話

　「サンガク」と言っても「山岳」のことでも「産学」のことでもない。算術の額と書いて「算額」のことである。実は、この新聞の発行人でもある関谷孝さんに勧められて、この度「カワセミ会（探鳥会）」に入会することになった。主として私が参加するのは、湯殿川沿いの月例探鳥会だが、集合場所が片倉城跡公園になっている。その城跡公園の山の中腹に住吉神社があるのはご存じの方も多いと思うが、神社の本殿正面右横に「算額」が掲げられていることに気づいている人は意外に少ないようだ。

　この算額は、嘉永4（1851）年に、地元の川幡元右衛門泰吉およびその門人5名によって奉納されたものに由来する。由来するというのは、元の算額は、長年風雨に晒され墨で書かれた字は消えかかっていたようで、現在のものは、それを私の元職場の先輩で書道家でもある松川忠雄氏が書写し、復元したものであるからだ。

　ところで「算額」だが、主に江戸時代の中期（寛文年間）の頃から始まった風習で、和算家が神社仏閣に奉納した数学の額や絵馬のことを言う。種類としては、おおよそ次の三種に分類される。

①和算家が数学の問題を書いて奉納したもの。どうやら、数学の問題が解けたことを神仏に感謝し、いっそう勉学に励むことを祈願して奉納されたようだ。したがって、これには解答もついている。

②次に、多くの人が集まりやすい神社仏閣を発表の場として、

問題だけを書いて解答をつけずに奉納したもの。

③上記②の問題を見た他の和算家が、見事解答したものを算額にしてまた奉納したもの。これは、特に「額面題」と言われる。

　これでいうと、住吉神社にあるものは①に該当するだろう。算額は、全国に900〜1,000面ほどが現存しており、中には文化財に指定されたものもあるようだ。それで、住吉神社の算額の問題についてだが、全部で4問ある。紙幅の都合上、そのうちの第1問だけ紹介させていただく。

　原文は次の通りである。「如図有空責（積）/問等円径/答云等円径若干」。これを分かりやすく現代文になおすと「下図」のように、互いに外接する2つの等円と、その共通接線によって囲まれた部分の面積をS（空積）とすれば、等円の直径はいくらになるか」。当時の「術文（解答の仕方）」がついているが、現代人には分かりにくいので、一応、現代的解答例だけ次ページに載せておく。詳しくは『多摩の算額』（研成社・佐藤健一著）を、ご参照いただきたい。八王子中央図書館で借り出し可能。

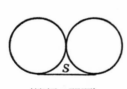
〈算額の問題〉

　今からみても、かなり高度な問題であることが、数学が苦手な私にも理解される。このことから当時の和算のレベルは決して西洋の数学に劣らなかったことが推測される。算額には「関流」という文字が認められるが、これはもちろん和算の大家関孝和を祖とする流派のことである。残念ながら、筆者とは何の関係もない。

ちなみに、この算額奉納の習慣があったことが、明治になってからの洋学の導入が、比較的スムースに行われた一つの要因であると言われている。城址公園に行く機会があったら、是非住吉神社の算額もご覧になることをお勧めしたい。〔『紅葉台新聞』第84号〕

$$2r = \frac{\sqrt{2S\left(1-\frac{\pi}{4}\right)}}{1-\frac{\pi}{4}}$$

現代的解答例　　　　　　　算額のある住吉神社

算額の最後（左側）　　　　　算額の冒頭（右側）

【日本語学習者と指導者のための問題】解答

A 解答：1. 現　2. 懸　3. 極　4. 絶　5. 務

B 解答：3（1. 犬　2. 猿　3. 猫　4. ネズミ　5. タヌキ）

C 解答：①ご在位　②み心　③ご自身　④お姿　⑤お示し

D 解答：②面 …〔おもて〕　④眼 …〔まなこ〕　⑤少女 …〔を(お)とめ〕
　　　⑥項 …〔うなじ〕　⑦顔 …〔かんばせ〕　⑧女 …〔を(お)みな〕　⑨背
　　　…〔そびら〕。

E 解答：①「風の音〔おと〕、虫の音〔ね〕につけて、もののみ悲しう思さ
れるに…」　②「あしびきの山郭公今日とてや菖蒲の草の音〔ね〕に立て
て鳴く」

F 解答：1. 気遅れ→気後れ　2. 気嫌→機嫌　3. 言語同断→言語道
断　4. 前後策→善後策　5. 無我無中→無我夢中

G 解答：1. ②　2. ④　3. ②　4. ③

H ①解答：1. 他　2. 他　3. 自　4. 自　5. 他
　②解答：1. 乗せ/乗り　2. 始まり/始める　3. 切れ/切ら　4. 開き/
開ける　5. 出し/出

I 解答：①弱冠(20歳)。②桑(㮚)年(48歳)。③還暦(満60歳)。④古稀
(70歳)。⑤喜(㐂)寿(77歳)。⑥米寿(88歳)。⑦卒(卆)寿(90歳)。
⑧白寿(99歳)。

J 解答：「梨」の別称は「有りの実」です。「なし」は「無し」に通じるので、
「有り」に言い換えたもの。

K 解答：「慣用句の数」…9つ(①「横やりをいれる」、②「病を得る」、③「ど
じを踏む」、④「骨が折れる」、⑤「汚名を雪ぐ」、⑥「的を射た」、⑦「当
を得た」、⑧「物議をかもす」、⑨「肝に銘ずる」。)

L 解答：①声喩法　②擬人法(「広がり」なら比喩とは言えない)　③直喩
法　④擬人法　⑤擬人法

M 解答：1. に　2. が　3. に　4. が　5. は/は(対比)　6. が　7.
が　8. も/も(物事を並べて述べる対比)

- 133 -

※なお、厳密に言えば、5は「は/が」でも可。7は「は」でも可。(「は」の場合は、はっきり示したい場合の用法になる)。8は「が/も」でも間違いとは言えないだろう。テキストの「解答」は、「模範解答例」であり、出版社の日本語学習者へのわかりやすさを考えての解答だと理解したい。

N　① 解答：①き(完了の助動詞「ぬ」は、連用形に接続。)　②こ　③きた
　　④こ　⑤こ(打消の助動詞「ず」は、未然形に接続。)

　　② 解答と解説：①ワア行五段活用(1グループ)。「ない」をつけると「okonawaない」となり、直前がaですので五段。②カ行五段活用(グループⅠ)。同じく「ikaない」となり五段。③マ行五段活用(1グループ)。「yomaない」となり、やはり五段。④マ行下一段活用(2グループ)。「yomeない」となりe段ですので下一段。⑤サ行変格活用(3グループ)。これはやや難問。「死ぬ」ならナ行五段活用ですが、これは「死」+「す(する)」(サ変動詞)の形。

O　① 解答：1．A：は/B：は　2．が/は　3．A：が/B：が　4．が/は

　　② 解答：1．が　2．は/は(対比)　3．は　4．A：が/が　B：は/が/は

P　① 解答：1-c　2-d　3-a　4-b

　　② 解答：1-a　2-b

Q　解答と解説：〔解答〕くやくや。〔訳〕来るか来るかと思いつつ男を待っている夕方と、これでお別れといって男が帰ってゆく朝とでは、どちらがせつなさが勝っているでしょうか。(「詳説古語辞典」三省堂)
　〔解説〕ここでの助詞「や」は疑問の係助詞ですが、終助詞的な用法です。「名にし負はばいざ言とはむ都鳥わが思ふ人はありやなしやと」(伊勢・九)の「や」と同じで、前には終止形が来ます。したがって、「来」は終止形で「く」と読むことになります。なお、文語のカ変動詞「来」の活用は「(未然形)こ|(連用形)き|(終止形)く|(連体形)くる|(已然形)くれ|(命令形)こよ/こ」です。

あとがき（「謝辞」にかえて）

　教職に就いていた頃、「たらちね」（中野校）と「はらから」（八王子校）という広報誌の編集をながらく担当しました。この二つの広報誌は、言わば教職員と父母会の架け橋のような役割を担っていましたが、言葉遣いに多少なりとも注意を払い、関心を持つようになったのは、その時の経験がもとになっていると思っています。

　八王子の「にほんごの会」に入会してからの活動においては、「スピーチ大会」の実行委員長を務めた際、特に代表の宮崎周一さん、前代表の西堀孝文さんに多々お世話になりました。

　また、現寺子屋長の山中馨さんには「寺子屋だより」への「日本語ミニ講座」の掲載継続を快諾してくださったことを感謝いたします。日本語学校で教壇に立つ傍ら、「にほんごの会」の要職を務める松原久美子さんは、外国の方との会話にはできるだけやさしい日本語を用いることを心がけようという活動を行っています。この呼びかけには共感を覚えますし、日本語学習者と接する時に大いに参考になっています。

　本書の出版にあたっては、揺籃社の山崎領太郎氏に全体のレイアウトをはじめ、多岐にわたってご助言をいただきました。いろいろな質問や疑問点を寄せてくれた学習者の皆さんや、支えていただいた会員の皆さんには、この場をお借りして御礼を申し上げます。

　2023年10月　吉日

関　邦　義

参考書籍・映画（DVD）一覧〈順不同〉

□辞典・字典

○『精選版　日本国語大辞典〈全3巻〉』(2006年)　小学館

○『広辞苑』第6版(2008年)・第7版(2018年)　岩波書店

○『大辞林』第3版(2006年)・第4版(2019年)　三省堂

○『新選国語辞典』第9版(2011年)・第10版(2022年)　小学館

○『新明解国語辞典』第7版(2012年)・第8版(2020年)　三省堂

○『三省堂国語辞典』第7版(2014年)・第8版(2021年)　三省堂

○『岩波国語辞典』第8版(2019年)　岩波書店

○『明鏡国語辞典』第3版(2021年)　大修館書店

○『現代国語例解辞典』第5版(2016年)　小学館

○『ベネッセ新修国語辞典』第2版(2012年)　ベネッセコーポレーション

○『全訳読解古語辞典』第4版(2013年)　三省堂

○『詳説古語辞典』小型版(2017年)　三省堂

○『旺文社全訳古語辞典』第5版(2019年)　旺文社

○『学研新漢和大字典』(2005年)藤堂明保・編　学習研究社

○『角川新字源』改訂新版(2018年)　角川書店

○『新漢語林』第2版(2012年)　大修館書店

○『新漢英字典』初版(1990年)　研究社

○『常用漢英熟語辞典』初版(1991年)　講談社インターナショナル

○『評注訂正・康熙字典』復刻版(1977年)　講談社

○『言海』縮刷版覆製(2004年)大槻文彦　筑摩書房

○『異体字解読字典』(1987年)　柏書房

○『クラウン仏和辞典』第5版(2003年)　三省堂

○『スペイン語ミニ辞典』(1992年)　白水社

○『ジーニアス英和辞典』第5版(2014年)　研究社

□日本語学習用参考書

○『みんなの日本語・初級Ⅰ本冊』第2版（2012年）　スリーエーネットワーク

○『みんなの日本語・初級Ⅱ本冊』第2版（2013年）　スリーエーネットワーク

○『TRY！N1文法から伸ばす日本語』初版（2014年）　アスク出版

○『TRY！N2文法から伸ばす日本語』改訂版（2014年）　アスク出版

○『日本語総まとめN2文法』増補改訂版（2022年）　アスク出版

○『直前対策N3文字・語彙・文法』初版（2012年）　図書刊行会

○『日本語総まとめ N4 文法・読解・聴解』（2017年）　アスク出版

○『短期集中・初級日本語文法総まとめポイント20』初版（2004年）　スリーエーネットワーク

○『語彙力（ごいりょく）ぐんぐん1日10分』初版（2003年）　スリーエーネットワーク

□小説（しょうせつ）・古典（こてん）・評論集（ひょうろんしゅう）

○『吾輩は猫である』「漱石全集・第1巻」（1993年）　岩波書店

○『愚見数則（ぐけんすうそく）』「漱石全集・第16巻」（1995年）所収　岩波書店

○『舞姫』森鷗外「なつかしの高校国語」（2011年）所収　筑摩書房

○『青年』・『ヰタ・セクスアリス』「日本文学全集7・森鷗外」（1973年）所収　河出書房

○『澄江堂雑記（第二十四）「猫」』「芥川龍之介全集第4巻」（1971年）所収　筑摩書房

○『浮雲』二葉亭四迷「現代日本文学館2」所収（1968年）　文藝春秋社

○『雪国』川端康成「新潮日本文学15」所収（1968年）　新潮社

○『高村光太郎・宮澤賢治集』「現代日本文学大系27」（1969年）　筑摩書房

○『高村光太郎・宮澤賢治集』「日本現代文学全集40」増補改訂版（1980年）　講談社

○『遅れてきた青年』(1970年)大江健三郎　新潮文庫

○『太陽の季節』「日本の文学76」(1968年)所収　石原慎太郎　中央公
　論社

○『谷間のゆり』改訂第1刷(1994年)バルザック作：宮崎嶺雄・訳　岩波
　文庫

○『ペスト』「世界文学全集37」(1971年)所収　カミュ作：宮崎嶺雄・訳
　新潮社

○『不思議の国のアリス』(1994年)ルイス・キャロル：矢川澄子・訳　新潮
　文庫

○『彷徨―フランツ・シューベルトの生涯―』(2022年)中田朋樹　鳥影社

○『新漢文大系1 論語』新版初版(2002年)吉田賢抗　明治書院

○『竹取物語』12版発行(1991年)星新一・訳　角川文庫

○『完訳・日本の古典10 伊勢物語、他』(1983年)　福井貞助　校注・訳
　小学館

○『日本の古典・伊勢物語』(2007年)坂口由美子・編　角川ソフィア文庫

○『伊勢物語』(1978年)永井和子・訳注　創英社

○『完訳・日本の古典12 枕草子・一』(1984年)松尾聰　永井和子　校注・訳
　小学館

○『日本古典文庫10 枕草子、他』新装版初版(1988年)田中澄江・訳
　河出書房新社

○『日本の唱歌〔中〕大正・昭和篇』(2002年)　講談社文庫

○『日本唱歌集』第53刷(1995年)　岩波文庫

○『驚くべき日本語』(2020年)ロジャー・パルバース：早川敦子・訳　集英
　社文庫

○『国語辞典の名語釈』(2008年)武藤康史　筑摩書房

○『問題な日本語』(2004年)北原保雄・編　大修館書店

○『日本語の難問』(2011年)宮腰賢　宝島新書

○『新解さんの謎』(1991年)赤瀬川原平　文春文庫

○『新解さんの読み方』(2003年)夏石鈴子　角川書店

○『キライなことば勢揃い』(2004年)高島俊男　文春文庫

○『日本語教室』(2011年)井上ひさし　新潮新書

○『国語の時間』(2000)竹西寛子　河出文庫

○『ここからはじまる日本語学』(1997)伊坂淳一　ひつじ書房

○『日本語文法』(2000年)岩淵匡・編著　白帝社

○『新しい国語表記ハンドブック』第7版(2015)　三省堂

○『日本語は亡びない』(2010年)金谷武洋　ちくま新書

○『漢字が日本語をほろぼす』(2011年)田中克彦　角川SS新書

○『漢字を楽しむ』(2008年)阿辻哲次　講談社現代新書

○『ルポ技能実習生』(2020年)澤田晃宏　ちくま新書

○『多摩の算額』(1979年)佐藤健一　研成社

□映画(DVD)

○「マイ・フェア・レディ」(1964年・米)監督:ジョージ・キューカー

　　出演:オードリー・ヘプバーン/レックス・ハリソン、他

　　配給:ワーナー・ブラザーズ

○「真昼の死闘」(1970年・米)監督:ドン・シーゲル

　　出演:クリント・イーストウッド/シャーリー・マクレーン、他

　　配給:ユニバーサル・ピクチャーズ

○「レ・ミゼラブル」(2012年・英)監督:トム・フーパー

　　出演:ヒュー・ジャックマン/ラッセル・クロウ/アン・ハサウェイ、他

　　配給:ユニバーサル・ピクチャーズ

○「舟を編む」(2013年、原作・三浦しをん)監督:石井裕也

　　出演:松田龍平/宮崎あおい、他

　　配給:松竹、アスミック・エース

表紙・本文写真:著者撮影

〈著者紹介〉
<ruby>著者紹介<rt>ちょしゃしょうかい</rt></ruby>

　関　邦　義（せき　くによし）

1951年新潟県生まれ。長野県立屋代高校を経て明治大学文学部（日文）卒。明大中野高校・明大中野八王子高校元教諭。現在「八王子にほんごの会」会員。外国人による「日本語スピーチ大会」（「八王子にほんごの会」主催）第22回実行委員長。「八王子・日野カワセミ会」会員。『和算家・山口和の「道中日記」』（研成社）共著。日本書籍・教育出版の国語教科書用指導書等、執筆。

日本語ミニ講座
——日本語にまつわる興味深い話——

2023年（令和5）11月10日印刷
2023年（令和5）11月20日発行

著者 関 邦義

発行 揺 籃 社
〒192-0056 東京都八王子市追分町10-4-101
TEL 042-620-2615 FAX 042-620-2616
URL https://www.simizukobo.com/

ISBN978-4-89708-505-0 C0081 落丁・乱丁本はお取り替えいたします